나는 왜 마음이 아플까

그림 그리는 정신과 의사의 상담 일기

나는 왜 마음이 아플까

전지현 지음

시원
북스

추천의 글

● **백세희**《죽고 싶지만 떡볶이는 먹고 싶어》저자

몸이 아플 땐 자연스럽게 병원을 찾으면서도, 마음이 아플 땐 여전히 많은 이들이 자신을 의심합니다. "혹시 내가 이상한 걸까?"하고요. 저 역시 그런 마음으로 이 책을 펼쳤습니다. 하지만 이 책의 조심스럽고 다정한 문장은 단순히 진료실에서 길어 올린 이야기뿐 아니라 그림까지도 살아 숨 쉬며 "괜찮아, 너만 그런 게 아니야"라고 손을 내밀어 주는 듯했습니다. 책장을 넘기다 보니 마음 한편에 따뜻한 바람이 불었고, 한 번 더 희망을 떠올릴 수 있었습니다. 부디 이 책이 당신에게도 잠시 머물 수 있는 안식처가 되기를, 분명 그렇게 될 수 있으리라 믿습니다.

● **팔호광장** 정신건강의학과 전문의,
《알고 싶니 마음, 심리툰》저자

진단보다는 환자의 삶을 먼저 보려 하는 저자의 온화한 태도, 따뜻한 그림과 문체로 표현하는 배려와 공감의 마음들이 온전히 전해집니다. 또한 이 책은 진료실에서 자주 만나는 진단, 증상들에 대한 탁월한 비유로 질환과 치료 방법들을 쉽게 이해할 수 있고, 편견 없이 진료실 문을 열 수 있게끔 하는 힘이 있습니다. 지금 이 순간에도 정신건강의학과 진료나 상담을 망설이고 있는 마음이 힘든 분들께 꼭 일독을 권하고 싶습니다.

● **김성완** 전남대학교병원 정신건강의학과 교수,
　광주북구정신건강센터·마인드링크 센터장

이 책은 여느 젊은 사회 초년생과 크게 다르지 않은 한 청년 의사가 내면의 고민과 성장, 그리고 진료실에서 만난 많은 이들의 삶을 그림과 글로 담아낸 기록입니다. 이 책의 저자 전지현 선생님은 자신의 경험을 기반으로 열등감에 대해 솔직하게 나누며 우리 모두의 마음속에 내재한 낮은 자존감을 돌아볼 수 있도록 합니다.

전지현 선생님은 주변으로부터 내적으로나 외적으로 부족할 게 없는 멋진 의사라는 칭찬을 듣곤 합니다. 그런 저자도 열등감과 자기 정체성을 찾아가는 과정에 관해 이야기하고 있습니다. 이 책은 청년으로서 내면의 흔들림을 극복해가는 여정과, 의사로서 진단명 뒤에 숨겨진 한 사람의 삶을 놓치지 않으려 애쓰는 인간적 따뜻함을 모두 담고 있습니다. 그리하여 다양한 정신질환에 대해 누구나 겪을 수 있는 문제로 두려움 없이 다가갈 수 있게 안내합니다. 단순한 정보 전달을 넘어 독자들이 자신의 문제를 돌아보고 헤쳐나갈 수 있도록 손을 내밉니다.

이 책은 마음이 힘든 이들에게는 위로와 용기를, 정신 건강을 이해하고자 하는 이들에게는 친절한 안내서가 되어줄 것이며, 마음의 파도를 헤치고 자신만의 가치와 빛을 발견할 수 있게 돕는 다정한 길잡이가 될 것입니다. 또한 자신의 길을 찾기 위해 애쓰고 있는 다양한 삶의 현장에서 따뜻한 위로의 편지가 되리라 믿습니다.

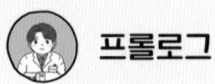 **프롤로그**

진료실에서 못다 한 당신들과의 이야기

'초보'라는 단어는 흔히 볼 수 있는 익숙한 말입니다. 초보 운전 딱지를 붙이고 비틀거리며 달리는 차를 보면, 우리는 대개 너그럽게 이해해주고 길을 비켜주곤 하죠. 어쩌면 초보라는 단어는 서투름과 실수로부터 나를 보호해주는 작은 부적 같은 존재일지도 모릅니다.

하지만 이상하게도 그 단어를 앞에 붙이는 것이 꽤나 어색할 때가 있습니다. 초보 의사라는 말을 들어본 적 있나요? 생명을 다루는 만큼 '의사'라는 직업에는 언제나 전문성과 책임감이 따라붙습니다. 그러다 보니 '초보 의사'라는 표현은 어울리지 않는 듯 낯설게 느껴집니다.

    저도 한때는 그 어색함을 감추려 애쓰기도 했습니다. 저는 아무것도 모른다고 할 수는 없지만 전문가라 하기도 부족한, 배운 것보다 배워야 할 것이 훨씬 많은 '초보' 정신건강의학과 의사입니다. 아직은 서툴고 어딘가 어색한 모습으로 여러분과 같은 세상을 살아가고 있죠.

    나름 크고 작은 굴곡을 겪어온 삶이었기에 정신과 전공의가 되었을 땐 '이제 고생은 끝이겠지' 하는 기대를 품기도 했습니다. 하지만 세상은 역시 만만하지 않았습니다. 수많은 사람들의 무거운 이야기를 마주하며 제 삶이 작아지던 날도 있었고, 밤새 응급실을 지킨 뒤 곧장 아침에 있을 발표를 준비하던 하루하루는 끝이 아니라 새로운 시작에 가까웠습니다. 그래도 정신과 의사가 되어 흰 가운을 입고 병원 복도를 거닐며 환자들을 만나고, 배움을 이어가던 그 시간들은 정말 소중했습니다. 그토록 좋아하던 그림도 까맣게 잊을 만큼요.

2024년 2월, 저는 정든 대학병원을 떠나 잠시 긴 쉼표를 찍게 되었습니다. 봄이라고 하긴 아직 이른 어느 날, 가운과 책 몇 권을 챙겨 병원을 나오던 순간이 아직도 선명히 기억납니다. 배움을 이어가지 못한다는 불안감, 인사도 제대로 하지 못하고 떠나온 환자들에 대한 미안함은 오래도록 제 마음을 무겁게 했습니다. 진료실에서 나눴던 이야기들이 매일 밤 꿈속에서 마치 어제 있었던 일처럼 생생하게 나타나곤 했죠.

그렇게 괴로운 날들을 견디려 삶이 흔들리는 순간마다 저를 지탱해준 그림을 꺼내들게 되었습니다. 못다 한 이야기를 이어 나가고 싶은 마음에 그날부터 다시 그림을 그리기 시작했습니다. 나에게서 시작해 당신들을 위한 이야기로, 진료실에서 끝맺지 못했던 당신들과의 이야기를, 따뜻한 색으로 입혀 세상에 전하고 싶었습니다.

그렇게 시작한 이 일기 같은 이야기가 책으로 묶여 더 많은 이들을 만날 수 있게 되었다는 것이 아직도 실감이 나지 않습니다. 이 여정을 함께해주신 많은 분들, 제 그림을 사랑해주신 분들, 늘 곁에서 도와주신 고마운 분들께 감사 인사를 전하고 싶어요. 그리고 잠시라도 저를 스쳐간 모든 분들에게도 진심으로 감사한 마음을 전하고 싶습니다. 당신들과 함께한 그 시간들이 있었기에 지금의 제가 있을 수 있습니다.

아직은 서툰 초보 정신건강의학과 의사가 몽글몽글한 그림에 담아 전하는 위로와 용기가 어딘가에서 이 책을 펼칠 당신에게도 닿아, 마치 따스한 봄처럼 스며들 수 있기를 바랍니다.

차례

 추천의 글   4

 프롤로그
진료실에서 못다 한 당신들과의 이야기   6

1장
저는 초보
정신건강의학과 의사입니다

서랍 속 낡은 스케치북	16
선생님은 왜 정신과 의사가 된 거예요?	22
눈에 보이지 않기 때문에	30
무채색	36
내 마음속 열등감이라는 작은 줄자	42
땅만 보고 걷다 보면	50
매일같이 쌓여가는 그림처럼	56
함께 살아가는 것	62
저 잘하고 있는 거 맞죠?	66

 2장

마음에 이름을
붙이는 일

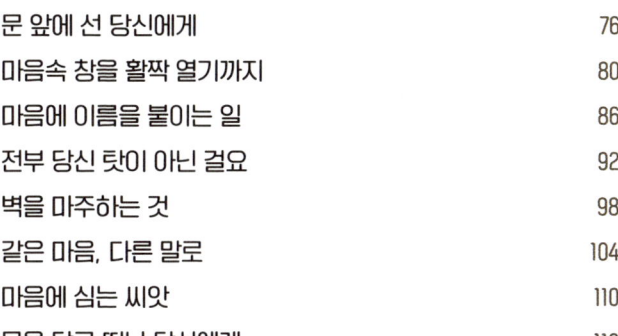

문 앞에 선 당신에게	76
마음속 창을 활짝 열기까지	80
마음에 이름을 붙이는 일	86
전부 당신 탓이 아닌 걸요	92
벽을 마주하는 것	98
같은 마음, 다른 말로	104
마음에 심는 씨앗	110
문을 닫고 떠난 당신에게	116

 3장

오늘도 내 마음이
궁금한 당신에게

우울한 기분과 우울증은 뭐가 다른 건가요?	124
숲속에서 곰을 만난다면? 공황장애란?	132
저도 강박증인가요?	140

조울증? 우울증이랑은 뭐가 다른가요?	148
저는 몸이 아픈데, 왜 정신과에 가라고 해요?	156
외상후 스트레스장애, 과거의 나에게 보내는 편지	164
우리는 왜 넘어지는 걸까? 적응장애란?	172
저는 왜 사람들 앞에만 서면 두려울까요?	178
마음을 조율하는 줄이 흐트러진다면? 조현병이란?	186

 4장

감정이 힘들게만 느껴지는 당신에게

나쁜 감정은 없애면 안 되나요?	194
비가 내리더라도	202
풍선을 바라보는 연습	208
거친 파도가 몰아치더라도	216
버스를 운전하는 것처럼	224
감정에 선을 긋는 연습	230
겉감정? 속감정? 뭐가 다른데요?	238
검정 마음? 흰색 마음? 회색 마음?	246

당신에게 전하는 마음 처방전

어떻게 마음을 치료하는 건데요?	256
우울한 기분이 어떻게 약으로 치료가 되나요?	262
약을 먹었더니 손이 떨리는 것 같아요	270
저는 왜 대인관계가 어려울까요?	278
구덩이와 삽 이야기	286
이걸 멈출 수 있을까요? 고통감내기술	292
막막한 미래가 불안할 때	300
우울한 가족과 살아가는 당신에게	306

 에필로그
　언젠가 따스함이 익숙해진 세상에서　　　312

참고문헌　　　315

저는 초보 정신건강의학과 의사입니다

서랍 속 낡은 스케치북

어릴 때부터 내가 받아온 성적표에 적힌 숫자들은
내 세상을 쉽게 만들어주곤 했다.

자연스레 남들에게 인정받는 것에 중독되어갔다.
텅 빈 수레를 굴리듯 이유 없이 나아가던 날들이었다.

열심히 공부해서 의대에 진학한 뒤에도,
심지어 의사가 되어 인턴으로 근무를 시작했을 때도
진짜 내가 원하는 것이 뭔지 알지 못했다.

끝이 보이지 않는 무언가를 좇다가
결국 빈 수레가 엎어지며 요란한 소리를 내던 날,
내리는 빗소리를 따라 한참을 울었다.

흰 가운에서 군복으로 내 옷의 색은 짙어졌지만,
내 삶은 점점 무채색이 되어갔다.
나는 나를 너무 몰랐다.

그러던 어느 날 서랍 속에서 낡은 스케치북을 발견했다.
언젠가 서툴게 그렸던 그림들과 다시 마주했다.

나를 알아가는 시간은 괴로웠지만,
그런 날이면 스케치북에 서툴게 선을 그었다.

나를 다시 살아가게 해준 그림.
내가 그린 그림에 따뜻한 이야기를 담아
누군가에게 위로와 희망을 전하고 싶었다.

돌이켜보면 저는 학창시절, 꿈이나 장래희망 같은 게 전혀 없었습니다. 매년 장래희망 칸에 적어둔 직업도 달랐지만, 손에 잡힌 펜을 쉽사리 놓지 못했습니다. 아마 평탄하지 않았던 가정환경 속에서 공부와 성적이 불안감에 쉽게 흔들리는 두 다리를 잠잠하게 만들어준다는 것을 이른 나이에 깨달았던 걸지도 모르겠습니다.

그렇게 남들이 부러워하는 의대생이 되어 수많은 시험을 보고, 가운을 입고 실습을 하며, 졸업을 앞두고 국가고시를 치르기까지. 주변의 기대는 점점 커져만 가는데 이상하게도 제 마음은 점점 비어갔습니다. 친구들은 내과, 정형외과, 신경외과… 저마다 가진 꿈을 향해 앞으로 나아가는데 저는 무엇을 해야 할지 감조차 오지 않았죠.

더 큰 세상에 가면 달라질까? 하는 생각에 서울의 큰 대학병원에서 인턴을 마쳤지만, 변하는 건 없었습니다. 남들이 좋다는 길을 따라 당시 인기 과였던 성형외과에 지원했지만 첫 번째 실패를 마주했습니다. 늦은 나이에 겪은 작은 실패였지만 멈춰선 자리에서 멀어져가는 친구들의 뒷모습을 바라보는 시간은 무척 괴로웠습니다.

군의관으로 근무를 시작한 어느 날, 처음으로 스스로에게 질문을 던졌습니다. '너는 대체 뭘 좋아하니?' 잘하는 것이 아닌, 좋아하는 것. 공부를 하고 시험을 봐서 인정받던 익숙함이 아닌, 나를 설명해줄 무언가가 필요했어요.

고심 끝에 떠오른 건 그림이었습니다. 관사로 이사오며 혹시 몰라 챙겨온 낡은 스케치북. 언젠가 가끔씩 끄적였던 낙서 같은 그림들이 낯선 얼굴의 저를 반겨주었습니다. 비율도 엉망이고 서툴렀지만, 그림을 그리는 시간이 즐거웠습니다. 어느새 쌓여가는 그림들이 잃어버린 무언가를 조금씩 채워주는 것 같았어요. 그림을 배우기 시작하면서 어렴풋한 꿈이 생겼습니다. 내가 좋아하는 일로 누군가에게 작은 힘을 줄 수 있다면. 어느새 마음속에 뜬구름 같은 꿈을 그려가기 시작했습니다.

선생님은 왜 정신과 의사가 된 거예요?

그림을 다시 그리기 시작했을 즈음에는
《죽고 싶지만 떡볶이는 먹고 싶어》같은
심리 에세이가 주목을 받았다.

'정신과'라는 낯선 분야를 누군가 궁금해한다는 것.
누군가는 이야기를 통해 위로와 용기를 얻는다는 것.
내가 정신과 의사가 되면 어떨까?
마음에 뜬구름이 떠오르기까지는 오래 걸리지 않았다.

하지만 마음 한편에서 '내가 할 수 있을까?' 하는
걱정스러운 바람이 계속해서 불어왔다.
그럴 때면 꿈을 놓치지 않으려 안간힘을 쓰곤 했다.

결국 꿈에 그리던 정신과 의사가 되었지만
정신과는 내가 그려온 그림처럼
따뜻하고 즐거운 곳은 아니었다.

누군가의 인생을 들여다보는 일은 생각보다 무거웠다.
책임감과 부담은 점점 커져갔다.

그렇게 스케치북 위에는 다시 먼지가 쌓여갔다.
그러던 어느 날 익숙한 질문을 받았다.

늘 자신 있게 대답했던 질문이지만,
쉽게 입이 떨어지지 않았다. 어째서였을까?

그날부터 다시 펜을 잡고 써내려갔다.
처음에는 나의 이야기를 쓰고 그렸지만,
점점 당신들이 궁금해할 이야기를 담고 싶어졌다.

내 그림을 보며 좋아해주는 당신들을 보면,
이제는 답할 수 있을 것 같다.
나는 이 일이 참 좋다.

그림을 다시 그리기 시작한 무렵은 마침 예쁜 그림이 들어간 심리 에세이들이 주목을 받던 때였습니다. 우연히 접한 백세희 작가님의 《죽고 싶지만 떡볶이는 먹고 싶어》는 정신과 의사와 나눈 대화를 그대로 담아 솔직한 고백이 누군가에게 얼마나 큰 위로가 될 수 있는지를 보여주었죠. 책을 덮으며 문득 생각했습니다. 나도 저런 의사가 될 수 있을까?

대단한 계기가 있었던 건 아닙니다. 그저 매일같이 그림을 그리고, 책을 읽고, 생각을 적어 내려갔죠. 뜬구름 같던 꿈은 점점 짙어졌고, 3년의 군복무가 끝날 즈음 저는 정말로 정신과 의사가 되어 있었습니다.

간절했던 만큼 정신과 의사만 되면 모든 게 잘 풀릴 줄 알았습니다. 하지만 환자들의 눈물 섞인 이야기는 생각보다 무겁고 깊었어요. 벼랑 끝에서 저를 바라보는 것 같은 그들이 내민 손을 잡을 마지막 사람이 어쩌면 나일지도 모른다는 생각에 책임감과 부담은 점점 커져만 갔습니다. 나 잘하고 있는 거죠? 언젠가는 잘할 수 있겠죠? 텅 빈 마음에 돌아오지 않는 질문을 되뇌는 날들이 이어졌어요.

　그렇게 바쁜 일상 속에서 떼어놓을 수 없을 것 같던 그림과도 멀어졌습니다. 그러던 어느 날, 한 환자가 제게 물었습니다. "선생님은 왜 정신과 의사가 된 거예요?" 예전 같았으면 한껏 들뜬 목소리로 습관처럼 답했을 질문이었는데, 그날은 어쩐지 입이 떨어지지 않았습니다. 그림을 너무 오래 멀리했기 때문일까요? 아니면 정신과 의사로서도, 작가로서도 스스로에게 자신이 없어서였을까요? 그날 밤, 다시 펜을 꺼내 들었습니다. 누군가의 인정과는 상관없이 나를 살아가게 해준 그림을 통해 다시 써내려가기 시작했어요.

　정신과 의사의 일기. 아직은 서툴고 부족하지만, 이 이야기가 누군가에게 작은 위로와 용기가 되길 바라는 마음으로. 저는 이 일이 참 좋습니다. 정신과 의사로서도, 그림을 그리는 작가로서도 오래도록 당신들과 함께하고 싶어요.

눈에 보이지 않기 때문에

정신과 의사로서 가장 어려운 점을 꼽으라면,
마음의 병은 눈에 보이지 않는다는 점이다.

각종 검사가 진단에 큰 도움을 주는 것이 아니라,
의사의 경험과 판단에 더욱 무게가 실린다.

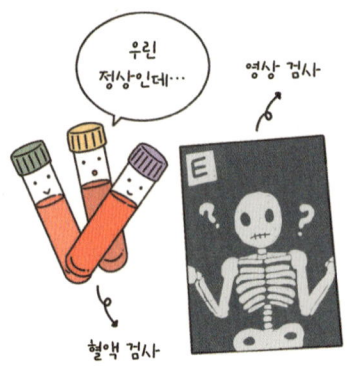

일시적인 변화와 질환의 경계를 구분하기 어려웠고,
판단에 자신이 없어 물음표를 더한 날이 많았다.

어디까지가 질병인지, 회복의 기준은 무엇인지
판단하고 이름을 붙이는 일은 여전히 무겁게 느껴진다.

하지만 이제는 알고 있다.
배움과 경험, 시간이 나의 짐을 덜어줄 거라는 것을.

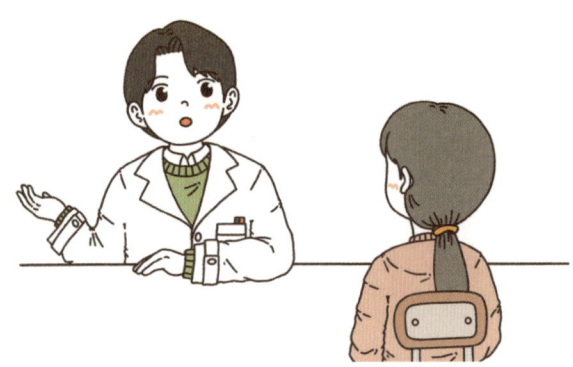

때로는 눈앞에 앉은 당신의 일상을 그려본다.
눈에 보이지 않는 아픔을 자책하고,
그 아픔을 설명해야 하는 하루를 떠올려본다.

의지가 부족하다, 게으르다, 도망친다…
마음의 병은 겉으로 보이지 않기에
때로는 상처가 되는 말들이 돌아온다.

가족, 친구, 지인, 때로는 나 자신마저도
눈에 보이지 않는 변화를 받아들이지 못한다.

내 탓이라며 자책하고, 방문을 걸어 잠근 당신에게.
모든 게 당신 탓이 아니라는 작은 위로를 전해본다.
그저, 눈에 보이지 않을 뿐이다.

분명히 존재하지만, 눈으로 직접 확인할 수 없는 정신과 질환의 특성 때문에 어려움이 느껴지는 순간이 많습니다. 때로는 위험한 상황에도 쉽게 설득이 되지 않는 가족들을 마주하기도 하고, 자신을 정신과 환자로 취급한다며 화를 내는 분들을 만나기도 합니다. 눈에 보이지 않기 때문에 처음 만난 누군가가 정신과 치료, 우울증 같은 낯설고 무거운 단어를 꺼내면, 그것을 받아들이는 일은 쉽지 않을 겁니다.

'잠깐 힘들어서 생긴 변화일 거야' '의지가 부족해서 그런 거지, 언제든 이겨낼 수 있어' 별일이 아니라고 생각하고 싶은 마음도 충분히 이해합니다. 하지만 그렇게 아끼는 마음에서 출발한 말들이 때로는 날이 선 화살이 되어 정작 상처를 더 아프게 하기도 합니다. 눈에 보이지 않지만, 분명 치료와 시간이 필요한 문제들. 마음에 찾아온 병조차 자신의 탓으로 여기며 주눅 드는 누군가를 위해 작은 위로를 전합니다. 그저, 눈에 보이지 않을 뿐이랍니다.

무채색

진료실에 앉아 수많은 사람들을 만나는 일.
쉽게 내민 손이 부끄러워지는 순간을 자주 겪곤 한다.

집으로 돌아가는 길이면 수많은 감정들이 떠올랐다.
조금 더 잘할 수 없었을까?
후회처럼 무거워진 감정이 나를 짓누르곤 했다.

나를 잃어가며 삶도 점점 무채색이 되어갔다.
즐겨 하던 취미도, 운동도, 맛있는 음식도,
좋은 사람과 보내는 시간도 함께 색을 잃어갔다.

그런데 그들이 원하는 게 나와 함께 색을 잃는 것일까?
고민 끝의 결론은 아마… 그건 아닌 것 같았다.

이제는 내 삶부터 하나씩 색을 채워가려 한다.
짧게라도 시간을 내어 소중한 하루를 천천히 그려간다.

이왕이면 따뜻한 색으로 가득 채워서,
그 따스함을 당신들과 오래 나눌 수 있도록.

정신과 의사가 되어 일을 시작한 지 얼마되지 않았을 때 주기적으로 겪는 어려움이 있었습니다. 바로 삶이 무채색이 되어가는 것. 아무것도 재미가 없고, 주변의 자극에도 크게 반응하지 않는 상태가 되는 거였죠. 원래 에너지가 넘치는 사람도 아니었기에, 더 가라앉아 버린 제 모습이 주변 사람들에게 상처를 주기도 했던 것 같아요.

환자들과 이야기를 나누다 보면 제가 겪어보지 못한 수많은 고난과 어려움, 고통, 슬픔을 마주하게 됩니다. 그런 이야기들을 계속 듣다 보면 어젯밤 잠들기 전 고민했던 제 걱정거리들이 보잘것없는 작은 투정처럼 느껴지곤 했어요. 그렇게 점점 내가 작아졌고, 어느 날 문득 삶이 무채색으로 변해 있었습니다.

'이런 거에 짜증 내서 뭐 해' '걱정한다고 뭐가 달라지겠어' '큰일도 아닌데, 저런 거에 재밌어하면 뭐 해. 세상은 이렇게 힘든데…'

자꾸만 가라앉는 거울 속 내 모습을 보면서도, '일을

시작한 지 얼마 안 됐으니 당연한 거야'라고 스스로를 다그쳤습니다. 그런데 환자들이 원하는 게 정말 나와 함께 색을 잃어가는 걸까? 제 역할에 대해 고민하고 또 고민한 끝에 내린 결론은 하나였습니다. 함께 색을 잃어가는 것이 아니라 내가 가진 따뜻한 색을 나누어 주는 것. 누군가에게 색을 나누어 주기 위해, 나부터 색을 채워가기로 결심했습니다. 이왕이면 따뜻한 색으로 가득 채워 봄처럼 은은하게 스며들 수 있도록. 오늘도 그림을 그리고, 사랑하는 사람과 맛있는 저녁을 먹고, 운동을 하며 저만의 색을 채워봅니다.

내 마음속 열등감이라는 작은 줄자

마음속에는 열등감이라는 줄자가 있다.
줄자는 시도 때도 없이 나와 타인의 거리를 잰다.

의대에 합격하고, 병원에서 인턴을 시작했을 때도
마음속의 줄자는 비교하는 일을 멈추지 않았다.

처음으로 실패하며 멈춰야 했던 순간.

나는 더 이상 뛸 수 없었고, 줄자는 점점 멀어져 갔다.

누구나 살다 보면 열등감을 느낀다.

열등감은 발전을 위한 인간의 본능적인 성향으로,

극복하는 과정에서 성장의 원동력이 되기도 한다.

하지만 끊임없이 타인과 비교하며
우월감을 추구한다면, 우리는 어디서 멈출 수 있을까?
정상에 올라서면 만족할 수 있을까?

쉴 새 없이 달려 꿈에 그리던 목적지에 도달해도
줄자는 기다렸다는 듯 나를 재촉했다.

어쩌면 열등감을 건강하게 극복하는 방법은
앞이 아니라 뒤를 바라보며 걷는 것일지도 모른다.
나보다 앞선 타인이 아닌, 어제의 나와 경쟁하며
느리더라도 조금씩 앞으로 나아가고 있음을
바라보는 것이다.

지나온 길을 돌아보며 항상 쫓기듯 뛰어가던
내 마음을 다독여주는 건 어떨까?

당신은 어제보다 더 나은 모습을 향해 걸어가고 있다.
당장 눈에 띄게 달라진 것이 없더라도
그렇게 꾸준히 걸어가면 된다.

살다 보면 누구나 열등감을 느낍니다. 세상에는 나보다 잘난 사람이 너무 많아 보이고, 나는 한참 뒤처진 것만 같죠. 저도 마찬가지였습니다. 하지만 졸업 후, 성적이라는 지긋지긋했던 숫자에서 벗어나고 나니 상황은 달라졌습니다. 그토록 기다리던 자유가 주어졌는데도, 행복은 마치 어색하게 걸친 흰 가운처럼 아직 낯선 단어처럼 느껴졌습니다. 습관처럼 남들보다 부족한 점을 찾고 있었죠. 그래야만 발전할 수 있다고 믿었던 어린 소년은 어느새 어른이 되었지만, 마음속에 열등감이라는 작은 줄자는 쉽게 사라지지 않았습니다.

　그러다 처음으로 실패를 경험했고, 깊은 좌절 속에서 군의관으로 3년이라는 시간을 보냈습니다. 아직 전문 분과의 수련을 시작하지도 못한 상태에서 긴 시간을 불안감 속에 멈춰 서야 하는 시간이었습니다. 잠시 멈춰 서있는 동안, 저는 열등감과 씨름해야 했죠. 친구들처럼 당당히 진로를 찾아 나아가고 싶었고, 실패했던 시험을 다시 보고 싶었지만 그럴 수 없었습니다. 제가 그토록 집착했던 공부도, 시험도, 누군가의 인정도 사라진 공간에는 아무것도 남아있지 않았죠.

열등감은 인간이 더 나은 방향으로 나아가기 위한 자연스러운 성향으로 그 자체가 나쁜 것은 아닙니다. 아들러의 심리학에 기반한 책 《미움받을 용기》에서도 '열등감은 인간이라면 당연히 느낄 수밖에 없는 것'이라고 말하죠. 문제는 이 열등감을 어떻게 다루느냐에 있습니다.

우리는 종종 열등감을 극복하려 타인과 나를 비교하고, 타인보다 우월해지는 것으로 자신을 증명하려 합니다. 하지만 끝없는 비교 속에서 우리는 언제쯤 멈출 수 있을까요? 세상 모든 사람을 제치고 홀로 남는 순간이 되면, 그제서야 만족할 수 있을까요? 끊임없는 비교는 자존감을 낮추고, 결국 '열등콤플렉스'가 되어 우울과 불안을 불러오기도 합니다.

건강하게 열등감을 극복하려면 앞서가는 타인을 바라보는 것이 아니라, 과거의 나와 비교하는 태도가 필요합니다. 어제의 나, 한 달 전의 나, 1년 전의 나와 비교하며 조금씩 나아가고 있음을 스스로 인정해주는 것. 그렇게 작은 변화들을 발견할 때 비로소 열등감의 무게에서 자유로워질 수 있습니다.

열등감에 허우적대던 저를 꺼내준 건 그토록 집착하던 공부도, 시험도, 진로도 아니었습니다. 오히려 그 시간을 함께해준 사랑하는 사람들과 꾸준히 그려온 그림이 쌓여가는 모습을 보며, 누군가의 인정이 없더라도 과거의 나보다 나아가고 있음을 느낄 수 있었죠. 물론 지금도 막연한 열등감을 느끼고, 마음속 줄자가 초조하게 길이를 재려 할 때가 있답니다. 하지만 그럴 때면 어제의 나를 떠올리며 비록 보이지 않더라도 분명 앞으로 걸어 나가고 있음을 되새기곤 해요.

열등감의 늪에 빠져 괴로워하는 당신에게. 당신은 분명 어제보다 더 나은 곳을 향해 걷고 있습니다. 그렇게 조금씩 걸어가면 됩니다. 그리고 걷다가 지친 어느 날, 잠시 숨을 돌리고 걸어온 길을 되돌아보는 건 어떨까요? 분명, 어제보다 더 나아진 당신을 볼 수 있을 테니까요.

땅만 보고 걷다 보면

대학만 합격하면, 취업만 성공하면, 그 일만 해결되면…
우리는 때때로 행복에 조건을 건다.

나 역시 시험에 실패하고 군의관이 되었을 때,
정신과 의사가 되어야만 행복할 수 있다고 믿었다.
몇 년 뒤에나 있을 시험 걱정에 한숨을 더했다.

높은 산을 오르는 사람들의 이야기를 읽은 적이 있다.
그중 유독 투덜거리는 한 소녀가 있었다.
산은 왜 이렇게 높은 거야? 배낭은 왜 이렇게 무거울까?
소녀는 빨리 정상에 올라 괴로운 시간이 끝나길 바랐다.

정상에 오른 사람들은 산을 오르며 경험한 것을 서로
이야기했지만 소녀는 그 사이에 끼지 못했다.
땅만 보고 걸어온 소녀의 기억에 남은 것이라고는
무거운 배낭과 투박한 땅뿐이었기 때문이다.

우리는 정상에 오르면 행복해질 수 있다고 믿는다.
하지만 정상에 올라야만 행복할 수 있는 걸까?
정상에 오르면 오로지 행복만이 가득할까?

행복은 언젠가 정상 위에서 만날 목표가 아니라
지금 내가 느껴야 할 감정이다.
오르막길을 오르며 만난 꽃과 바람, 땅과 하늘,
힘들지만 소중한 모든 순간들이
바로 행복일지도 모른다.

저마다 품은 꿈이 간절해질수록, 우리는 행복에 조건을 걸곤 합니다. '대학만 합격하면, 취업만 성공하면, 이 일만 해결되면…' 모든 것이 나아질 거라 믿으며, 당장의 행복은 잠시 미뤄둔 채 목표를 향해 걸어가죠.

저도 그랬습니다. 젊은 나이에 군의관으로 보낸 3년의 시간 동안, 친구들처럼 커리어를 이어가지 못한다는 생각에 자책하며 행복을 한참 뒤로 미뤄두었습니다. '정신과 의사만 된다면 정말 행복할 텐데…' 그렇게 수없이 되뇌며, 간절한 마음으로 정신과 의사라는 정상만을 바라보며 걸어갔습니다.

막상 정신과 전공의가 되었을 때, 정말 행복만이 가득했을까요? 물론 아니었습니다. 바쁜 일상 속에서 부족한 실력을 탓하며, 나도 모르게 또다시 행복을 뒤로 미루고 있었죠. 그런데 돌이켜보면 행복은 언제나 멀리 있는 것이 아니었습니다.

류시화 시인의 《새는 날아가면서 뒤돌아보지 않는다》에 나오는 〈산을 오르는 사람들〉 이야기가 있습니다. 무거운 배낭을 짊어지고 투덜대며 땅만 보고 산을 오르던 청년이 있었습니다. 그는 산 정상에 오르면 모든 것이 끝나고 행복해질 거라 믿었죠. 하지만 막상 정상에 오르고 나니, 행복은 그곳이 아니라 산을 오르며 만난 풍경과, 힘들지만 함께한 시간 속에 있었다는 사실을 깨닫게 됩니다.

  혹시 여러분도 간절한 꿈을 이루기 위해 행복을 산 꼭대기에 올려두고, 오늘의 행복을 미루며 살고 있지는 않나요? 행복은 목표가 아니라 지금 내가 느낄 수 있는 감정이라는 것을 기억하며. 오늘도 힘든 하루를 보낸 당신과 함께 작은 행복을 그려봅니다.

매일같이 쌓여가는 그림처럼

그림 그리는 일을 좋아한다고 말했지만,
하얀 도화지에 그은 선 끝에는
언제나 작은 물음표가 떠오르곤 했다.

물음표는 나에게 매번 같은 질문을 던졌다.
그럴 때면 애써 그린 그림을 서랍 속에 넣고
조용히 문을 잠그곤 했다.

누구나 살다 보면 물음표를 만난다.
성과가 보이지 않을 때, 불안해진 마음은
물음표가 이끄는 대로 쉽게 끌려가고 만다.

물음표 앞에 멈춰 선 날이 많아질수록
자기효능감은 점점 줄어든다.
목표를 성취해낼 수 있다는 믿음이 흔들리고,
시작에 대한 두려움은 커져만 간다.

그림을 배우던 시절, 선생님께서 해주신 이야기가 있다.
일단 시작한 그림은 끝까지 완성해야 한다는 것.

그 후로 매일 그림을 그리며 조금씩 마침표를 쌓아갔다.
여전히 내 그림은 못나 보일 때가 많았지만,
한 장 한 장 꾸준히 그림을 그려나갔다.

묵묵히 그려온 그림에 찍었던 마침표의 의미를
깨달은 건, 오랜 시간이 지난 후였다.

당신이 쌓아가는 것이 때로는 초라해 보일지도 모른다.
하지만 물음표를 지워내고 꾸준히 찍어간 마침표는
언젠가 선이 되어 멋진 그림이 될 것이다.

그림 그리는 게 좋다고 말하며 매일같이 그림을 그리던 시절에도, 매 순간 두려움이 있었습니다. 하얀 도화지를 펼치고 선을 그을 때마다, 그 끝에는 어김없이 작은 물음표 하나가 떠오르곤 했어요. 그 물음표는 마치 제게 이렇게 묻는 것 같았습니다. "이게 무슨 의미가 있어? 네가 화가도 아니고, 잘하고 있는 걸까?" 그 질문에 답을 하지 못할 때면, 서툴게 그린 그림을 누가 볼까 조용히 서랍에 넣어두곤 했죠.

누구나 살다 보면 이런 물음표를 만납니다. 좋아하는 일, 간절한 목표를 향해 나아가는 과정에서 초라한 지금 내 모습은 물음표를 더 크게 키우죠. 그러다 보면 결국, '이건 어차피 의미가 없을 거야'라는 생각에 달콤한 포기의 유혹을 받아들이게 됩니다.

운이 좋게도 저는 고마운 사람들을 만나 계속 그림을 그릴 수 있었습니다. 제게 그림을 가르쳐주던 화실 선생님이 하셨던 말이 자주 떠오릅니다. "망친 것 같은 그림이라도 끝까지 완성하는 게 중요해요." 남에게 예쁘게 보이고, 내 마음에도 쏙 드는 그림을 완성하는 것이 중요하다고 생각하던 제게는 그 말이 쉽게 와닿지 않았습니다. 그럼에도 불구하고, 선생님의 조언대로 묵묵히 물음표가 아닌 마침표를 찍어나갔습니다. 여전히 물음표가 자주 떠올랐고, 스스로에게 확신이 없었지만 한 장 한 장 포기하지 않고 그림을 쌓아나갔습니다. 시간이 많이 흐른 후에야 깨닫게 되었습니다. 그렇게 쌓아온 작은 마침표들이 어느새 선이 되었고, 그 선들이 모여 내 삶에서 가장 멋진 그림이 되어 있었다는 것을.

  진료실에서 스스로에게 자신이 없어 물음표 앞에서 망설이는 사람들을 자주 만납니다. 언젠가 완벽하게 해낼 날만을 기다리며 쉽게 발을 떼지 못하죠. 하지만 정말 중요한 건 물음표가 사라질 때까지 기다리는 것도, 완벽해지는 것도 아닐지 모릅니다. 물음표가 떠오르더라도 작은 것에 마침표를 찍어가는 것. 그렇게 쌓여가는 작은 마침표들이 언젠가 선을 이루고 분명 멋진 그림이 되어 있을 테니까요. 당신의 오늘은 언젠가 어떤 그림이 될까요?

함께 살아가는 것

처음엔 가운을 입고 책상에 앉은 내 모습이 낯설었다.
전공 서적에는 나오지 않는 것들이 너무 많았고,
그럴수록 나는 점점 두려워졌다.

용기 내어 진료실에 찾아오는 이들을 위해
그럴싸한 정답을 만들어줘야 한다는 부담을 느꼈다.

하지만 급하게 내놓은 겉보기에만 그럴듯한 정답은
단단한 마음의 벽을 허물지 못했다.

사람들은 저마다 다른 색과 모양의 삶을 살아간다.
그런데 나는 어디에나 들어맞는 마법의 퍼즐 조각을
찾고 있었던 건 아닐까?

내가 원하던 만능 정답 같은 건 어디에도 없었다.
그리고 이제는 안다.
나는 모든 문제에 답을 주는 사람이 아니다.
다만, 같은 세상을 살아가며 잠시 지친 그들 곁에서
함께 걷는 것, 어쩌면 그게 정답일지도 모르겠다.

처음 정신과 의사 명찰을 받고 일을 시작했을 무렵에는 제 역할에 대한 고민이 많았습니다. 어떤 환자도 두려워하지 않는 교수님, 선배, 동료들을 보면서 '나도 저렇게 될 수 있을까?' 생각했습니다. 어렵게 저를 찾아온 누군가에게 조금이라도 도움이 되어야 한다는 생각에 그럴싸한 정답을 만들어내곤 했죠.

TV에 나오는 '금쪽 처방'처럼 모든 환자에게 적용할 수 있는 저만의 만능 정답을 찾아 헤맨 적도 있습니다. 하지만 지금 생각해보면 사실 정답 같은 건 어디에도 없을지도 모르겠습니다. 언젠가 한 선배에게 들었던 조언처럼 그저 함께 살아가는 것. 그것이 정답일지 모르겠다는 생각이 듭니다.

저 잘하고 있는 거 맞죠?

언제나 내가 잘하고 있다는 걸 확인받고 싶었다.
어쩌면 나를 인정해줄 사람을 찾았는지도 모르겠다.

처음 정신과 의사가 되었을 때도 마찬가지였다.
내가 이 일을 잘하고 있다는 걸 확인하고 싶은 마음이
시도 때도 없이 튀어나오곤 했다.

하지만 아무리 애를 써도, 인정을 받기는 어려웠다.
애초에 '잘한다'와 '못한다'의 기준은 뭘까?
우리는 많은 부분에 보이지 않는 기준을 두고 살아간다.

마음속 엄격한 평가자는 매 순간 나에게 점수를 매겼다.
대개 점수는 기준 미달이었고 나는 쉽게 좌절했다.

그런데 어떤 기준을 만족해야 잘했다고 할 수 있을까?
세 번 성공하고 한 번 실수하면, 잘한 걸까?
세 번 실패하고 한 번 성공하면, 실패일까 성공일까?

실패를 경험할수록 마음속 평가자는 더 엄격해진다.
한 번의 실수도 전부 실패한 것처럼 느껴지고,
하나라도 부족하면 모든 것이 부족한 것처럼 보인다.

하지만 때로는 내가 단점이라고 생각한 것들을
누군가는 장점으로 봐주기도 한다.

이제는 내가 모든 것을 잘할 수는 없다는 것을 안다.
서툴더라도, 부족한 점을 내가 가진 장점으로 채우며
조금씩 나아가는 내 모습을 스스로 인정해주려 한다.

서툴지만 조금씩 나아가고 있는 나에게
오늘만큼은 점수를 더해주는 건 어떨까?

저는 인생의 대부분을 잘하고 있다는 걸 확인받고 싶은 마음으로 살아왔습니다. 그 마음은 정신과 의사가 된 후에도 사라지지 않았습니다. 쉽게 답을 내릴 수 없는 마음의 병을 다루는 일을 하면서도 '내가 잘하고 있는 걸까?'라는 의문이 여전히 고개를 들곤 했죠. 하지만 아무리 애써도 그 마음은 채워지지 않았습니다. 애초에 정신과 의사로서 '잘한다'와 '못한다'를 명확히 구분할 수 있는 기준을 세운다는 것 자체가 쉽지 않았으니까요. 그러다 보니 점점 부족한 점을 찾는 데 몰두하게 되었고, 조금이라도 나아지기 위해 스스로를 채찍질하는 날들이 이어졌습니다.

우리는 삶의 많은 부분에서 보이지 않는 기준을 만들어둡니다. 그리고 그 기준은 유독 내게만 엄격해서, 마음속 평가자는 매번 기준 미달의 점수를 매겨 나를 좌절하게 만들곤 합니다. 실패와 좌절의 경험이 쌓일수록 그 평가자는 점점 더 엄격해지죠. 단 한 번의 실수도 모든 것을 실패로 만들고, 하나라도 부족하면 전부 수포로 돌아간 것처럼 느껴질 때도 있습니다.

심리학에서는 이렇게 한쪽으로 치우친 사고방식을 '과잉일반화'나 '흑백논리' 같은 인지 왜곡이라고 부르기도 합니다. 과연 우리가 세운 그 기준들은 얼마나 객관적일까요? 매 순간 '잘했다'와 '못했다'를 명확하게 판단할 수 있는 절대적인 기준이 정말 존재하기는 할까요? 때로는 내가 단점이라고 생각했던 것들이 누군가에게는 장점으로 보이기도 합니다. 실패라며 좌절했던 시간들조차, 지나고 보니 부족했던 부분을 채워주는 소중한 경험이 되어 있었습니다.

물론 지금도 종종 마음속 엄격한 평가자가 저를 괴롭히곤 합니다. 하지만 이제는 모든 것을 잘할 수 없다는 걸 압니다. 그렇다고 해서 내가 모든 면에서 부족하다는 뜻은 아니라는 것도 알고 있습니다. 부족한 부분이 있더라도, 내가 가진 장점으로 채워가며 서툴지만 조금씩 나아가고 있는 내 모습을 스스로 인정해주려 합니다. 누구도 나에게 '잘하고 있다'고 말해주지 않더라도, 마음속 엄격한 평가자가 끊임없이 나를 괴롭힌다 해도 말이죠. 이제는 스스로를 응원하며, 조금씩 나아가고 있는 자신에게 점수를 더해보는 건 어떨까요? 우리는 분명 잘해나가고 있으니까요.

마음에 이름을 붙이는 일

문 앞에 선 당신에게

빈 진료실에 앉아 당신을 기다리는 시간.
정적과 나란히 앉아 함께 나눴던 이야기를 떠올린다.

얼마나 많은 고민과 두려움을 마주했을까?
마음속에 떠오르는 수많은 물음표를 애써 지워내며
여기까지 온 당신에게 고마운 마음이 든다.

당신이 들어와 앉으면, 나는 조용히 인사를 건넨다.
당신의 어색한 미소에서 오래도록 감춰온
고민의 무게가 전해진다.

이야기가 시작되면 나는 삶이라는 연극의 관객이 된다.
성난 파도처럼 거센 고난에 함께 슬퍼하고,
새싹이 돋아나는 순간처럼 작은 기쁨에도 함께 웃으며
이야기 속 당신을 만난다.

지금은 잠시 어둡고 긴 터널을 헤매는 당신.
하지만 언젠가 다시 만나게 될 밝은 빛을 향해,
함께 걷기 위해 마음의 조각을 모아 불을 밝힌다.

용기 내어 밖으로 다시 걸어 나가기 위해,
나를 믿고 그 문 앞에 선 당신.
그런 당신에게 고마운 마음을 담아 오늘도 인사를 건넨다.

당신이 문을 열고 들어오기 전, 저는 진료실의 빈 의자 앞에 앉아 지난날 나눴던 이야기를 곱씹어보곤 합니다. 당신의 마음을 무겁게 했던 크고 작은 일들이 조금은 가벼워졌을까요? 어색한 정적과 나란히 앉아, 문을 열고 들어올 당신의 발걸음을 떠올려봅니다. 문 앞에 서기까지, 얼마나 많은 고민과 두려움을 마주했을까요? 하루에도 수없이 떠오르는 물음표를 애써 지워내며 여기까지 와준 당신에게 고마운 마음이 듭니다.

문이 열리고 정적이 떠난 자리에 당신이 앉으면 저는 조용히 인사를 건넵니다. 그리고 당신의 이야기 속 관객이 됩니다. 성난 파도 같은 고난에 함께 슬퍼하고, 작은 기쁨에도 함께 웃으며, 이야기 속 당신을 만납니다. 지금 잠시 어둡고 긴 터널에서 길을 잃고 헤매는 당신. 언젠가 다시 만나게 될 밝은 빛을 향해 함께 걷기 위해, 마음의 조각을 모으고 모아 불을 밝힙니다. 이제는 용기 내어 다시 그 길을 걷기 위해 나를 믿고 문 앞에 선 당신에게 고마운 마음을 담아 오늘도 인사를 건넵니다.

마음속 창을 활짝 열기까지

우리 마음속에는 세상을 보는 창이 있다.
그 창을 통해 우리는 많은 것들을 보고 느끼며,
때로는 창에 비친 내 모습을 마주한다.

마음에 깊은 상처가 생기면 창은 굳게 닫힌다.
내게 상처를 준 창밖의 세상이 너무나 두렵고,
창에 비친 내 모습이 작고 초라하게만 보인다.
그렇게 시간이 흐르면, 창에는 먼지가 쌓인다.

창에 수북이 쌓인 먼지가 흩날려 숨이 막힌다.
창을 열고 상처를 다시 마주하는 것은
너무나 괴로운 일이다.

그렇기에 당장 창을 활짝 열지 못해도 괜찮다.
같은 자리에서 당신을 기다리는 것이 나의 일이다.

이야기를 나누며 창을 열고 닫을수록,
창을 수북하게 덮고 있던 먼지는 점점 씻겨 나간다.
맑아진 창에 비친 당신의 웃는 모습도 선명해진다.

당신이 용기 내어 창을 활짝 여는 어느 날,
당신을 따뜻하게 안아줄 세상이 기다리고 있을 것이다.

우리 마음속에는 세상을 향한 창이 하나 있습니다. 그 창을 통해 많은 것을 보고 느끼며, 때로는 창에 비친 내 모습을 마주하기도 하죠. 하지만 마음에 깊은 상처를 입고 주저앉은 날에는 창이 굳게 닫히곤 합니다. 세상이 너무 두렵고, 창에 비친 내 모습이 초라하게만 느껴지죠. 그리고 시간이 지나면서 창에는 먼지가 쌓여갑니다.

그렇기에 정신과를 찾은 당신이 마음의 창을 열고 이야기를 꺼내는 것은 결코 쉬운 일이 아닐지도 모릅니다. 오랜만에 손을 댄 창에서 먼지가 흩날려 목이 따갑고, 녹이 슬어 삐걱거리는 창문은 쉽게 열리지 않죠. 다시 창을 열고 세상과 마주하는 일이 오히려 더 괴롭게 느껴질 수도 있습니다.

하지만 그럼에도 용기를 내어 창을 여는 것이 중요한 이유가 있습니다. '환기'라는 뜻의 벤틸레이션(ventilation)이라는 영어 단어를 들어보셨나요? 심리학에서는 부정적인 감정과 생각을 밖으로 꺼내어 발산하는 과정을 의미하기도 합니다. 닫혀 있던 창을 조심스레 열어 환기하듯, 마음을 여는 과정은 그 자체만으로도 증상 호전에 큰 도움이 될 때가 많습니다. 자신의 감정을 알아차리고 정리해나가는 과정에서 그 감정의 농도가 점점 옅어지기 때문이죠.

 물론 창을 당장 활짝 열지 못한다고 조급해할 필요는 없습니다. 당신이 조심스레 열어준 그 창틈으로 당신의 이야기를 듣고, 언제든 같은 자리에서 기다리는 것. 그것이 저와 같은 정신과 의사가 하는 일이니까요. 그리고 분명한 것은 우리가 함께 조금씩 창을 여닫던 그 시간이 쌓이면 언젠가 맑아진 창에 당신의 웃는 얼굴이 서서히 비치기 시작할 거라는 사실입니다.

 마음의 창을 활짝 열고, 당신을 기다리던 따뜻한 세상을 다시 마주할 그날이 오기를. 망설이는 당신에게 작은 용기를 전해봅니다.

마음에 이름을 붙이는 일

누군가의 상처받은 마음에 이름을 붙이는 것.
하얀 가운을 입고 앉아 나는 매일 그 일을 하지만
여전히 어렵게 느껴질 때가 많다.

처음 정신과 의사가 되었을 때는
우울증, 공황장애… 그럴듯한 이름을 붙이고
정답인지 확인하는 일에 몰두하던 시절도 있었다.

하지만 상처받은 마음에 내가 쉽게 붙인 이름은
그들을 더 괴롭게 만들 뿐이었다.
어떤 이들은 결국 내게 마음을 열어주지 않았다.

내가 붙이는 이름의 무게를 가늠해본다.
누군가는 지금도 그 무게가 두려워
내민 손을 선뜻 잡지 못한다.

정확한 진단과 적절한 치료는 물론 중요하다.
하지만 이제는 그 이름 뒤에 가려진
당신의 삶에 공감하고 더 깊이 바라보려 한다.

내가 붙이는 이름의 무게가 가벼워지는 날이 올까?
'정신과'라는 단어가 두려운 낙인이 아니라,
넘어진 당신을 일으켜 세워줄 따스한 이름이 되는 날.

그날이 오기를 기다리며,
마음에 붙이는 이름의 무게를
덜어주는 그림을 그리고 싶다.

단어에 무게가 있다면, 상처받은 마음에 붙는 그 이름의 무게는 얼마나 될까요? 수많은 사람을 만나 마음에 이름을 붙이는 일을 하면서도, 때로는 그 마음의 무게가 결코 가볍지 않음을 실감할 때가 많습니다. 처음 정신과 의사가 되었을 때는 그저 책에서 배운 대로, 증상에 맞춰 진단을 내리기 바빴습니다. 내 진단이 맞으니, 그저 받아들이고 치료를 받으라는 무심한 말이 누군가에게는 상처가 되기도 했을 겁니다. 그리고 마음의 문을 굳게 닫아버린 이들 앞에서 무엇이 잘못된 것인지 몰라 고민하던 날들이 떠오릅니다.

예전보다 부담 없이 정신과를 찾는 이들이 늘고 있지만, 정신과라는 단어의 무게에 망설이는 이들도 여전히 많습니다. 이제는 정확한 진단과 적절한 치료뿐만 아니라 그 이름 뒤에 가려진 한 사람의 삶을 놓치지 않으려 노력합니다. "병이 아닌 사람을 보라"는 어느 원장님의 조언을 떠올리며, 제가 붙이는 그 이름의 무게를 함께 느껴봅니다. 언젠가 정신과라는 단어가 더 이상 두려운 낙인이 아니라 잠시 넘어진 당신의 마음을 일으켜 세워줄 따뜻한 이름으로 기억되길 바라며, 그 마음을 담아 오늘도 이렇게 그림을 그립니다.

전부 당신 탓이 아닌 걸요

끝없이 깊고 어두운 심연 같은 우울에 빠져,
모든 것을 포기하고 싶다는 사람들을 종종 만난다.
끝없는 후회는 마치 돌처럼 가라앉아
당신을 점점 더 깊은 곳으로 끌어당긴다.

모든 일이 전부 내 탓이라는 생각.
스스로를 향한 자책과 비난은 당신을 더 아프게 한다.

우리가 감기에 걸리면 누구를 탓할까?

추운 날씨와 친구와의 약속, 얇은 옷?

감기에 걸렸다고 해서 나 자신을 탓하진 않는다.

그저 어쩌다 찾아온 감기가 어서 낫길 바랄 뿐이다.

눈에 보이지 않는 마음의 병은 어떨까?

마음의 병도 감기처럼 전부 당신의 잘못이 아니다.

모든 걸 포기하고 싶다는 가시 돋친 말 뒤에는
사실은 누구보다 잘하고 싶고, 사랑받고 싶은
간절한 당신의 마음이 숨어있다.

모든 것이 내 탓이라는 생각은 잠시 접어두고
오늘은 다시 한 번 간절했던 마음에게
다정한 손을 내밀어 보는 건 어떨까?

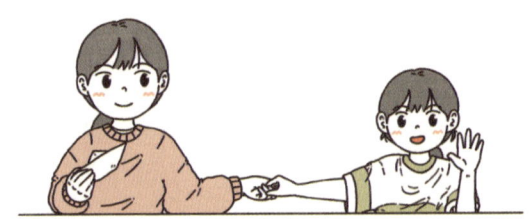

모든 것을 포기하고 싶다는 사람들을 만납니다. 끝없는 후회와 자책은 때로는 그 어떤 것보다 더 깊은 상처가 되어, 스스로를 더욱 힘들게 만들곤 하죠. 마음의 병마저도 자신의 탓이라며 괴로워하는 당신에게 꼭 전하고 싶은 말이 있습니다.

우리가 감기에 걸린다면 누구를 탓해야 할까요? 유난히 추웠던 날씨, 그럼에도 어쩔 수 없이 밖으로 나가야 했던 상황, 얇게 입고 나온 옷, 어제 잠을 설쳐 피곤했던 몸… 사실 딱 하나의 이유를 집어 탓하기는 어렵습니다. 또한 감기에 걸렸다고 오롯이 나만을 탓하는 일은 없을 겁니다. 그저 어쩌다 찾아온 감기가 얼른 떠나가길 바랄 뿐이죠.

그렇다면 마음의 병은 어떨까요? 눈에 보이지 않기에, 그 아픔이 찾아온 것마저 전부 내 탓이라 여기며 마음을 굳게 닫은 당신을 만나곤 합니다. 하지만 마음의 병이 찾아온 것도 감기처럼 결코 전부 당신의 잘못은 아닙니다.

모든 것을 포기하고 싶다는 가시 돋친 말들 속에는 사실, 그만큼 간절했던 당신의 마음이 숨어있습니다. 누구보다 잘하고 싶었던, 사랑받고 싶었던 그 마음은 아직도 어린아이처럼 언젠가 피워 보낼 꿈을 열심히 만들고 있죠. 그 마음을 알기에, 때로는 모든 것이 내 탓이라는 생각을 잠시 접어두고, 그 간절했던 마음에 다시 한번 다정한 손을 내밀어보는 건 어떨까요? 전부 당신의 탓이 아닐 테니 말이죠.

벽을 마주하는 것

마음속 문제들은 날카로운 가시를 세운 채 쌓여간다.
다가갈 엄두가 나지 않아 멀리한 날들.
너무 커져버린 그것들은 나를 일상과 멀어지게 한다.

놓쳐온 일상들은 시간이 흐르며 점점 높게 쌓여간다.
끝이 보이지 않는 높은 벽이 나를 내려다본다.
조급한 마음에 손을 뻗어보지만 높은 벽을 넘지 못한다.

대학 진학, 졸업, 취직, 결혼…
당연하게 평범한 일상을 이어가는 바깥의 사람들.
어느 하나 갖지 못한 나는 벽 앞에서 더욱 작아진다.

힘든 시간을 보낸 이들은 놓쳐온 시간과 일상,
그로 인해 세상과 나 사이에 높이 세워진
벽을 마주하는 순간을 두려워한다.
그래서 마음의 상처가 아물어도 선뜻 발을 내딛지 못한다.

문만 찾으면 이 공간을 당장이라도 나갈 텐데…
도대체 그 문은 어디에 있는 걸까?

어쩌면 우리는 이미 알고 있을지도 모른다.
그 문은 저 높은 벽 어딘가에 놓여있다는 것을.

문을 찾아 이곳을 벗어나려면 우선 벽을 마주해야 한다.
용기를 내어 두려웠던 벽으로 다가서야 한다.

때로는 좌절하고 넘어질 테지만, 포기하지 않길.
문을 찾아 힘차게 여는 그날까지.

우울, 불안, 고민과 걱정… 마음속 수많은 문제들은 때로 높게 쌓여, 우리를 일상과 멀어지게 만듭니다. 그렇게 시간이 흐르면, 어느새 눈앞에 거대한 벽이 세워지죠. 놓쳐온 수많은 시간과 기회들. 높은 벽 앞에서 나는 점점 작아져만 갑니다.

어느 날 바깥에서 바쁘게 일상을 살아가는 사람들을 봅니다. 각자의 시간을 너무나 당연하게 살아가는 그들과 비교하면 내 자신이 초라하게 느껴지곤 해요.

마음에 찾아온 문제들, 힘든 시간을 보낸 이들은 그동안 놓쳐온 것들이 쌓여 만들어진 벽을 마주하는 것을 무척 두려워합니다. 실제로 마음의 상처가 열어지고 나서도 그 벽을 마주할 용기가 나지 않아 제자리에서 망설이는 이들을 만나기도 하죠.

그런 이들에게 벽을 마주하는 것의 의미에 대해 말해주곤 합니다. 그토록 나가고 싶던 작은 방 안에서 밖으로 나가는 문은 결국, 내가 그토록 피하고 싶던 그 벽 어딘가에 놓여있다는 것을.

놓쳐온 많은 것들을 마주하는 건 분명 아프고 쓰라리겠지만, 포기하지 말고 벽을 따라 걸어봅시다. 어느 순간 그 문을 만나 힘차게 문을 여는 그날까지. 누군가의 서툰 걸음에 작은 용기를 보태고 싶습니다.

같은 마음, 다른 말로

진료실에서는 종종 사랑하는 사람들이 언성을 높이며,
서로에게 아픈 말을 내뱉는 모습을 보게 된다.

사랑하는 사람이 행복하길 바라는 마음은
어느새 가시 돋친 말로 변한다.

다시 예전처럼 아니, 전보다 더 좋은 모습으로
함께하고 싶은 마음은 원망 섞인 말이 되어버린다.

같은 마음, 다른 말로 서로에게 상처를 주다 보면
사랑했던 그들은 어느새 등을 돌리고,
벌어진 상처만큼 마음의 거리는 점점 멀어져 간다.

나를 괴롭히는 과거의 경험, 생각 그리고 감정들.
아무도 나를 이해해주지 않는 것만 같다.

어려움을 견뎌낼 수 있었던 기억들, 간절한 마음으로
건네는 해결책은 굳게 닫힌 마음의 문을 열지 못한다.

하지만 우리는 알고 있을지도 모른다.
서로 다른 말을 하고 있는 것처럼 보이지만,
같은 마음으로 같은 곳을 보고 있다는 것을.

이제는 용기를 내어 같은 마음을 털어놓고
다시 한번 손을 잡고 걸어보는 건 어떨까?

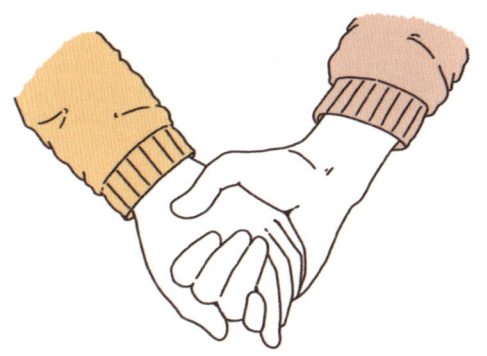

진료실에 환자와 가족들이 함께 찾아오는 경우가 있습니다. 종종 사랑하는 이들이 서로에게 모진 말을 던지며, 상처를 주는 모습을 보게 되죠. 하지만 각자의 이야기를 들어보면 사실 같은 마음을 다른 말로 표현하고 있는 경우가 많습니다.

사랑하는 사람이 행복하길 바라는 마음. 병이 얼른 나아서 다시 예전처럼 함께 웃고 싶은 마음. 떳떳한 모습으로 서로를 마주하고 싶은 마음. 그런 간절한 마음들이 길어진 시간 속에서 쌓인 상처와 깊어진 감정의 골을 지나면서 때로는 원망이 되고, 날카로운 말이 되어 서로를 아프게 합니다.

그럴 때 우리가 같은 곳을 바라보고 있다는 사실을 다시 떠올릴 수 있다면 어떨까요? 서로의 마음을 확인하고 멀어진 그 손을 다시 잡을 수 있다면 함께 걸어가는 그 길 위에 따뜻함이 찾아오지 않을까요?

마음에 심는 씨앗

당신이 나를 찾아오는 발걸음의 무게를 알고 있다.
주변의 시선이, 눈앞의 버거운 현실이 얼마나 무거운지.

당신의 손에는 마음이라는 화분에 심는 씨앗이 놓여있다.
작고 볼품없는 씨앗을 심는 일은 의미가 없어 보인다.

그러나 씨앗을 끝내 심지 않는다면
그 씨앗이 어떤 모습으로 자라날지 영영 알 수 없다.
꽃을 피우려면 씨앗을 심고 물을 주며 기다려야 한다.

정신과를 찾는 것도 어쩌면 비슷한 일이다.
당신의 발걸음이 닿을 때마다 마음에 씨앗이 심긴다.
함께 울고 웃고 고민하던 시간들은
씨앗에게 포근한 빗물이 되고, 따뜻한 햇살이 된다.

때로는 바뀌는 것 하나 없는 차가운 현실에 실망해
발걸음을 돌리고 싶고, 눈에 보이지 않는 변화를
기다리는 것이 시간 낭비처럼 느껴질 수도 있다.

하지만 분명한 점은 꽃을 피우기 위해서는
씨앗을 심고 물을 줘야 한다는 것이다.

용기 내어 나를 찾아온 당신의 그 발걸음,
마음에 차곡차곡 심은 그 작은 씨앗들이
언젠가 멋진 모습으로 피어날 것을 믿는다.

아파서 병원을 찾는 것을 망설이거나, 주변의 눈치를 보며 고민했던 적이 있나요? 아프면 병원에 가서 필요한 검사를 받고, 약을 처방받는 것은 너무나 당연한 일인데… 아직도 제가 앉은 정신과 진료실을 찾아오는 발걸음은 생각보다 무겁게 느껴집니다. 때로는 주변의 시선이, 때로는 눈앞에 놓인 버거운 현실이, 어차피 바뀌지 않을 거라는 생각이 몇 번이고 문 앞에서 발걸음을 돌리게 합니다.

물론 정신과를 찾아 상담하고 약을 처방받는다고 해서 나를 괴롭히는 현실 속 모든 문제가 해결되는 것은 아닙니다. 하지만 지금 당신에게 필요한 건 어쩌면 조금이라도 나아가는 작은 변화가 아닐까요?

씨앗을 심기 전까지는 어떤 꽃이 피어날지 알 수 없듯이 정신과를 방문하는 것도 그와 비슷한 걸지도 모릅니다. 당신이 용기 내어 발걸음을 내디딘 그 순간 마음에 하나의 씨앗이 심어집니다.

당장 눈에 띄는 변화가 없더라도, 함께 울고 웃으며 노력해온 시간들이 그 씨앗에게 포근한 빗물과 따스한 햇빛이 되어줄 것입니다. '어차피 변하지 않을 거야'라고 단정 짓고, 끝내 그 씨앗을 심지 않는다면 그 씨앗은 영원히 씨앗인 채로 남아있을 수밖에 없습니다. 그 변화가 언제 어떤 모습으로 당신을 찾아올지는 아무도 알 수 없습니다. 하지만 마음에 씨앗을 심는 것을 두려워하지 않았으면 해요. 용기 내어 찾아온 당신의 발걸음이, 작지만 소중한 일상의 변화들이 쌓이고 또 쌓여 언젠가 멋진 모습으로 피어나길 바라며. 망설이는 당신의 첫걸음에 작은 용기를 보태고 싶습니다.

문을 닫고 떠난 당신에게

당신이 앉아있던 자리에는 진한 아쉬움이 맴돈다.
못다 한 이야기와 내일에 대한 두려움을 남긴 채
떠난 당신에게 끝내 전하지 못할 편지를 적어본다.

당신을 괴롭히던 수많은 생각들과 힘겨웠던 날들은
이제 조금은 희미해졌을까?
함께 고민했던 문제들은 이제 조금은 멀어졌을까?

잘 지내고 계신가요~

용기 내어 조심스레 진료실 문을 열었던 당신.
서툴렀을지도 모를 그날의 나를 믿고 따라와준
당신에게 감사하다는 말을 전하고 싶다.

나는 오늘도 또 다른 누군가를 기다린다.
당신처럼 분명 밝은 빛을 향해 나아갈 그들의 이야기를.

당신들이 내게 남겨준 이야기들을 마음 깊이 품고
나는 다시 내일을 향해 걷는다.
언젠가 문을 열고 들어올 누군가에게
더 나은 내가 되어 따뜻한 손을 내밀 수 있길 바라며.

문을 닫고 떠난 당신의 길 위에 따스한 평안이 가득하길.
혹여나 다시 넘어지더라도, 언제든 당신을 도와줄
누군가가 곁에 있음을 기억하길.

진료실을 떠난 당신이 앉았던 그 자리에는 언제나 진한 아쉬움이 남습니다. 못다 한 이야기와 내일에 대한 두려움을 품은 채 문을 닫고 떠난 당신에게, 끝내 전하지 못할 편지를 적어봅니다. 우리가 함께 고민했던 문제들과 당신을 괴롭히던 힘든 날의 기억들은 조금씩 옅어졌을까요? 그리고 당신이 꿈꾸던 길에 한 걸음 더 가까워졌을지. 언젠가, 먼 훗날의 당신에게 안부를 전해봅니다.

  눈치채지 못했을 수도 있지만 당신이 용기 내어 진료실 문을 열던 그날의 나는 조금 서툴렀을지도 모르겠습니다. 그런 나를 믿고 따라와준 당신에게 이제야 고맙다는 말을 전하고 싶어요. 나는 오늘도 당신과 마주 앉았던 그 자리에서 또 다른 누군가의 이야기를 기다립니다. 아직은 어둠 속을 헤매고 있지만, 당신처럼 분명 밝은 빛을 찾아 나아갈 그들의 이야기를요.

  그렇게 당신들이 내게 남겨준 이야기를 마음 깊이 품고, 나는 내일을 향해 걸어갑니다. 언젠가 문을 열고 들어올 누군가에게, 더 나은 내가 되어 따뜻한 손을 내밀 수 있기를 바라며. 문을 닫고 떠난 당신의 내일을 직접

볼 순 없지만, 그 길 위에 따스한 평안이 가득하길 바랍니다. 혹여나 다시 넘어지더라도 언제나 당신을 도와줄 누군가가 곁에 있음을 기억하길 바라며. 이 짧은 편지를 마칩니다.

3장

오늘도 내 마음이 궁금한 당신에게

우울한 기분과 우울증은 뭐가 다른 건가요?

누구나 다양한 이유로 우울함을 느낀다.
그런데 우울한 기분과 우울증은 뭐가 다른 걸까?

길을 걷다가 넘어졌다고 가정해보자.
부딪힌 다리가 욱신거리지만 겉으로는 크게
이상이 없어 보인다면 다시 걸어도 괜찮을까?

단순한 타박상이라면 조심스레 걸을 수는 있을 것이다.
하지만 골절이 생겼다면 통증이 악화되고
다시 넘어질 가능성이 높다.

누구나 길을 걷다 넘어질 수 있지만 결과는 다를 수 있다.
중요한 것은 넘어진 후 자신의 상태를 정확히 파악하고
필요한 처치를 받아 다시 걸어갈 준비를 하는 것이다.

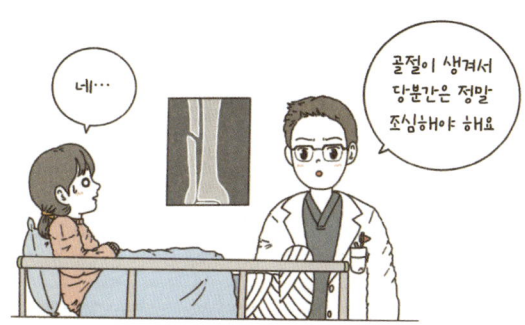

우울한 기분과 우울증의 차이도 마찬가지다.
우울증은 마음에 생긴 골절과 같아서 이를 모르고
생활하는 것은 부러진 다리로 걷는 것이나 다름없다.

우울증은 우리 뇌 속 신경회로의
신경전달물질 불균형으로 인해 발생하는 질환이다.
우울증 진단을 위해서는 몇 가지 기준을 충족해야 한다.

국제적으로 규정된 기준이 존재하며, 우울감의 정도를 평가하는 설문지나 척도를 활용하기도 합니다.

다음 증상들이 하루 대부분의 시간 동안 존재하고,
2주 이상 지속되며 일상에 영향을 준다면
우울증(주요우울장애)을 의심해볼 수 있다.

점차 중증도가 심해지면 집에서나 직장에서의 역할 등
사회적 기능을 유지하는 것도 어려워진다.
예전에는 아무렇지 않았던 작은 스트레스에도
모래성이 무너지듯 쉽게 무너져 내릴 수도 있다.

우울증은 단순한 의지의 문제가 아닌,
전문가의 평가와 적절한 치료가 필요한 질환이다.
'혹시, 나도 우울증일까?' 고민하는 당신에게.
너무 오래 망설이지 않길, 당신은 혼자가 아니다.
다시 함께 걸어갈 수 있다.

'우울'이라는 단어가 점점 익숙해지는 건 기분 탓일까요? 저 역시 하루에도 몇 번씩 뜻대로 풀리지 않는 수많은 일들을 경험하며 '우울하다'는 말을 쉽게 내뱉곤 합니다. 누구나 이따금 우울한 기분을 느낄 수 있죠. 그런데 우울한 기분과 우울증은 어떤 차이가 있는 걸까요?

눈에 보이지 않는 우울증이라는 질환을 설명할 때 '부러진 다리'에 비유하곤 합니다. 누구나 길을 걷다가 넘어질 수 있죠. 그리고 사람마다 체형이나 운동신경 등에 따라 넘어진 결과가 단순 타박상으로 끝날 수도 있고, 심한 골절로 이어질 수 있습니다. 다리가 욱신거리지만 겉으로는 멀쩡해 보일 때 그냥 다시 걸어도 괜찮을까요? 여러분은 어떤 선택을 하실 건가요? 단순한 타박상이라면 시간이 지나면서 저절로 나아질 수도 있지만 골절을 놓치고 방치한다면 더 심한 문제로 이어질 수도 있습니다. 누구나 넘어질 수 있지만 다시 걸어가기 위해서는 자신의 상태를 정확히 알고 필요한 처치를 받는 것이 중요하겠죠.

우울증도 이와 마찬가지입니다. 단순히 기분이 가라앉는 것이 아니라 뇌 속 신경회로의 신경전달물질 불균형으로 생기는 질환인 우울증은 마치 마음에 생긴 골절과도 같습니다. 겉으로 보이지 않기에 불편함을 참아가며 일상생활을 이어갈 수도 있지만 정확한 평가와 치료를 받지 않고 시간이 지나면 어느 순간 가벼운 일상조차 무거운 짐처럼 느껴질 수 있습니다.

 우울증은 단순한 의지의 문제가 아닌, 전문가의 진단과 치료가 필요한 질환입니다. 눈에 보이지 않는다고 해서 혹시 당신도 마음에 생긴 골절을 놓치고 있지는 않나요? 망설이고 있는 당신에게 작은 용기를 전합니다.

숲속에서 곰을 만난다면? 공황장애란?

숲속에서 곰을 만난다면 어떤 선택을 하겠는가?
사실 우리 몸은 머리보다 빠르게
싸우거나 도망칠 준비에 들어간다.

불이 나면 자동으로 울리는 경보처럼 사이렌이 울리면
위기 상황에 대처하라는 신호가 온 몸에 전달된다.
그러면 우리 몸은 즉시 긴장 상태에 돌입한다.

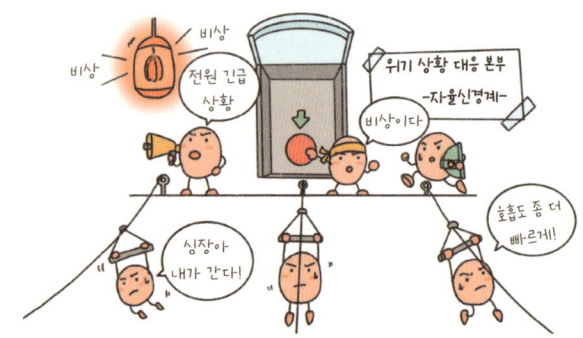

심장이 쿵쾅거리고, 호흡이 가빠지고,
땀이 흐르며 손발이 저릿해지는 이 불쾌한 반응들은
우리 몸이 생존을 위해 선택한 자연스러운 반응이다.

이 그림은 제 상상일 뿐, 동물을 사랑합시다!

예기치 못한 위기 앞에서 우리는 두려움을 느낀다.
이때 나타나는 불안은 지극히 정상적인 반응이다.

하지만 사이렌이 계속해서 오작동한다면
사소한 자극에도 우리 몸은 긴장 상태로 돌입한다.
공포가 반복되며 통제할 수 없는 불안이 커져간다.

이렇게 불안과 연관된 신체반응인 '공황발작'과
'예기불안'은 공황장애 진단에 중요한 기준이 된다.

공황발작은 순식간에 악화되고 10~20분 지속 후 소실되는 것이 특징입니다.

유전적 요인, 스트레스, 성격적 특성, 생활 습관 등
공황장애는 다양한 원인으로 발생한다.
신경전달물질 불균형이 문제가 되기도 해서
이를 정상화시키는 약물 치료가 필요할 수 있다.

복식호흡과 같은 이완요법도 함께 연습한다.
또한 공황을 불러오는 왜곡된 생각을 바꾸고
두려움에 맞설 수 있도록 돕는다.

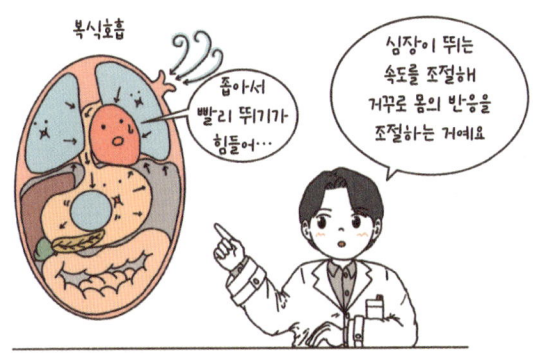

공황장애를 제대로 이해하는 것이
치료의 시작이자 가장 중요한 첫걸음이다.
숲속에서 곰을 만나 막연한 두려움에 떨고 있는 당신,
이제 용기를 내어 불안의 정체를 마주하는 건 어떨까?

'공황장애'는 많은 이들에게 익숙한 이름이지만, 정작 내게 찾아왔을 때 이를 정확히 알아보고 대처하는 것은 쉽지 않습니다. 응급실과 여러 병원을 전전하며 흉통, 두근거림, 어지럼증 같은 증상의 원인을 찾지 못해 답답해하는 분들을 자주 만납니다. 죽을 것 같은 공포를 느끼고 병원을 찾았지만, 이상이 없다는 말에 더 큰 불안을 느끼기도 하죠. 정신과라는 낯선 이름에 거부감을 느껴 방문을 망설이다 증상이 악화되어 오는 경우도 많습니다.

공황장애는 유전적, 심리적, 환경적 요인이 복합적으로 작용하는 질환입니다. 극심한 스트레스나 수면 부족, 카페인 과다 섭취 등으로 촉발되기도 하죠. 중요한 시험을 앞두고 몇 날 며칠 밤을 새운 어느 이십 대 여성은 갑자기 숨이 막히고 가슴이 터질 듯 두근거리며 '이대로 죽는 게 아닐까' 하는 공포 속에 병원을 찾았습니다. 검사 결과는 이상이 없었지만, 증상이 반복되면서 결국 정신과를 찾게 됩니다. 공황발작은 보통 몇 분 안에 최고조에 이르며, '또 발작이 오면 어쩌지' 하는 예기불안이 공황장애 진단의 중요한 단서가 되기도 합니다.

공황장애는 마치 숲속에서 곰을 만난 것처럼 우리 몸의 경보 시스템이 과하게 작동하는 상태입니다. 실제 곰이 없는데도, 몸은 그 공포에 맞서 싸우거나 도망칠 준비를 하며 긴장과 두려움 속에 휘말려버리는 거죠. 그래서 약물치료를 통해 신경전달물질의 균형을 회복시키고, 복식호흡과 같은 이완요법, 왜곡된 생각을 바로잡는 인지행동치료 등을 병행하기도 합니다.

하지만 그보다 먼저 필요한 건 공황장애라는 낯선 공포를 이해하는 일입니다. 반복되는 증상에 지쳐 마음속에서 커다란 곰을 마주한 듯 두려움에 떨고 있다면, 이제는 그 불안의 실체를 천천히 들여다볼 수 있기를 바랍니다.

저도 강박증인가요?

잠깐 스쳤을 뿐인데 오염됐을 것만 같은 찝찝한 느낌.
자꾸만 확인하고, 손 씻기를 반복하며 지쳐가는 나.
혹시 강박증은 아닐까?

강박증은 강박사고와 강박행동을 보이는 질환이다.
강박사고는 갑자기 떠오르는
불안하고 불쾌한 생각들을 말한다.

물론 누구나 한 번쯤 불편한 생각이 떠오를 수 있다.
하지만 강박증을 겪는 사람들의 생각은 무게가 다르다.
할 일을 미루고 온종일 생각에 사로잡히기도 한다.

강박행동은 불편한 느낌을 완화하려는 행동이다.
하지만 강박사고가 다시 떠오르면
같은 행동을 반복하는 악순환에 빠진다.

우리 뇌에는 빠진 것을 확인하고
경고 메시지를 보내는 부위가 있는데,
명령에 따라 빠진 것을 채워 놓으면
만족스러운 감정을 기록한다.

하지만 신경전달물질 불균형과
피드백 회로의 이상으로 강박증이 발생하면,
손을 씻어도 금세 다시 찝찝하다는
신호를 받아 손 씻기를 반복하게 된다.

생각이 너무 많거나, 과도한 책임감을 가지거나,
완벽주의를 꿈꾸거나, 위험을 과대평가하는
사람들은 강박증에 특히 취약할 수 있다.

강박증 치료는 약물치료와 인지행동치료를 병행한다.
약물로 신경전달물질의 균형을 맞추고,
인지행동치료를 통해 생각과 습관을 바꿔나간다.

혹시 나도 강박증이 아닐까?
걱정스럽고 궁금한 당신에게 치료와 회복으로
이어지는 작은 손길이 닿길 바란다.

"분홍 코끼리를 절대 생각하지 마세요."

방금 머릿속에 큼지막한 분홍 코끼리가 떠오르진 않았나요? 생각을 완벽하게 통제하는 건 누구에게나 어려운 일입니다. 그런데 어떤 사람들에게는 이런 생각들이 너무 커져서, 일상을 반복적으로 괴롭히기도 합니다. 방금 손을 씻었는데도 계속 찝찝한 느낌이 들고, 순서가 조금이라도 틀어지면 처음부터 다시 해야만 살 것 같죠. 자꾸만 반복되는 내 모습. 나도 혹시 강박증일까? 이런 고민을 안고 진료실을 찾는 분들이 점점 늘고 있습니다.

갑자기 떠오르는 생각, 꺼림칙한 느낌, 반복되는 행동. 사실 누구나 한 번쯤은 경험해본 적이 있을지도 모릅니다. 저도 불안할 때면 입술을 깨무는 습관이 있어요. 하지만 강박적인 성향과 치료가 필요한 강박증은 다릅니다. 무엇보다 중요한 건 '그것이 얼마나 일상을 방해하고 있는가'입니다. 반복되는 강박사고와 행동이 하루 1시간 이상 영향을 줄 때 정신의학적 진단 기준에 따라 '강박장애'로 진단할 수 있습니다.

강박증은 단지 의지의 문제가 아니라 세로토닌 등의 신경전달물질 불균형과 뇌 내 피드백 회로 이상과 관련된 치료 가능한 질환입니다. 약물치료 외에도 '노출 후 반응 방지(ERP) 치료'와 같은 인지행동치료를 병행하면 좋은 결과를 기대할 수 있어요. 노출 후 반응 방지 치료는 일부러 불안한 상황을 마주한 뒤, 그 불안을 줄이기 위해 이전에 하던 행동(손 씻기, 확인하기 등)을 의식적으로 하지 않고 참는 훈련입니다. 처음에는 불안하지만 반복할수록 불안이 점점 줄어들면서 강박 행동도 줄어들게 돼요. 마치 무서운 영화를 여러 번 보다 보면 덜 무서워지는 것처럼 말이죠.

혹시 지금, 반복되는 생각과 행동 때문에 당신의 하루가 조금씩 무너지고 있다면 애써 모른 척하지 않아도 괜찮습니다. 조금만 용기를 낸다면 그 오랜 불안과 당당히 마주 설 수 있는 날이 분명 찾아올 겁니다.

조울증? 우울증이랑은 뭐가 다른가요?

'조울증'은 익숙하면서도 낯설게 느껴진다.
실제로 면담 중에 조울증 이야기를 꺼내면
많은 사람이 머리 위에 물음표를 띄우곤 한다.

정신과 병동을 배경으로 한 드라마에서는
조증 상태를 춤을 추는 모습으로 표현하기도 했다.
하지만 조울증은 단순히 들뜨는 상태는 아니다.

조울증은 정확한 명칭으로 '양극성장애'라고 한다.
우울한 기분 상태와 비정상적으로 고양되는 상태의
양극단을 오가는 질환이다.

양극성장애는 특정 증상이 지속되는
1~2주 이상의 기간인 '삽화' 동안
조증 또는 경조증 증상이 지속될 때 진단할 수 있다.

들뜨는 시기가 지나면 우울 삽화를 경험하기도 한다.
우울증과 비슷하지만, 기분이 비정상적으로
들떴던 만큼 더 춥고 긴 우울기를 겪는 경우가 많다.

조증이나 경조증 삽화를 경험한 적이 없는 환자가
우울감으로 병원을 찾는 경우 진단이 늦어질 수도 있다.
때문에 면담 중 의심되는 단서들을 살펴보기도 한다.

우울증은 보통 항우울제를 사용해 치료하는 반면,
양극성장애는 기분안정제와 항정신병약제를 중심으로
치료하기 때문에 정확한 진단이 중요하다.

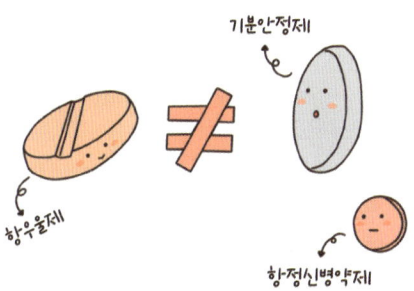

물론 경우에 따라 우울증에도 기분안정제나 항정신병약제를, 양극성장애에도 항우울제를 병용하기도 합니다.

하지만 기분변동이 있다고 해서
전부 양극성장애로 진단하는 것은 아니다.
기분변동성은 다양한 원인으로도 나타날 수 있다.

갑작스레 몰려온 감정의 파도로 혼란스러웠던 당신.
내가 이상한 게 아닐까 두려웠던 마음.
모든 변화는 당신의 잘못이 아닌,
도움을 받을 수 있는 질환의 한 모습일지도 모른다.

흔히 조울증이라고 불리는 '양극성장애'는 기분이 양극단을 오가는 변화가 반복되는 것이 특징입니다. 정신병동을 배경으로 한 드라마에서는 조증 상태의 인물을 혼자만의 세상에서 춤추는 듯한 모습으로 표현했습니다. 그러나 실제 양극성장애는 단순히 기분이 들뜨는 병이 아닙니다. 우울한 시기가 길게 이어지기도 하고, 갑자기 에너지가 넘치는 시기를 겪기도 하죠. 그래서 처음에는 우울증으로 진단되었다가 치료 반응이 기대와 달라, 뒤늦게 양극성장애로 진단되는 경우도 종종 있습니다.

조증 삽화는 평소보다 지나치게 들뜨거나 과민한 기분, 생각이 빨라지거나 수면이 줄어드는 등의 증상이 일주일 이상 지속되면 진단을 고려하게 됩니다. 조증이 평소보다 에너지가 10배 증가하는 상태라면, 경조증은 2~3배 증가하는 정도라고 볼 수 있습니다. 이때는 오히려 능률이 오르고 자신감이 상승해 문제로 인식하지 못하고 지나가는 경우도 많습니다.

하지만 기분의 변화는 정신과적인 진단이 필요한 신호일 수도 있습니다. 기분 변동을 보일 수 있는 원인은 매우 다양해 성격적인 특성, 내과적 질환 등 다양한 원인이 유사한 증상을 유발할 수 있으므로 전문가의 정확한 평가가 중요합니다.

또한 양극성장애는 우울증과 치료 방식도 다릅니다. 항우울제 중심으로 치료하는 우울증과 달리, 양극성장애는 기분안정제나 항정신병약제를 기반으로 약제를 선택합니다. 물론 필요한 경우 약제를 조합해서 사용하기도 합니다. 하지만 양극성장애 환자가 항우울제를 복용하면 일부에서 조증 혹은 경조증 삽화가 유발될 가능성이 있기 때문에 정확한 진단이 우선되어야 합니다.

갑작스레 감정의 파도가 몰려와 혼란스러웠던 순간, 그저 내가 이상한 사람이 아닐까 두려웠던 마음. 그 모든 변화는, 당신의 잘못이 아니라 도움을 받을 수 있는 질환의 한 모습일지도 모릅니다. 이 글이 내가 겪고 있는 변화가 무엇인지 이해하고, 치료의 첫 걸음을 내딛는 데 도움이 되길 바랍니다.

저는 몸이 아픈데, 왜 정신과에 가라고 해요?

억울하거나 의심스러운 얼굴로 진료실에 들어오는 환자들을 종종 만난다.

복통, 소화불량, 두통, 어지럼증 등으로 병원을 찾는 그들. 하지만 이상이 없다는 말에 점점 지쳐간다.

마지막이라는 생각에 정신과를 찾았지만
화를 내거나 절망한 모습을 보이는 사람들이 많다.

정신의학에서는 설명할 수 없는 신체 증상,
검사 결과와 일치하지 않는 불편감을 '신체화'라고 한다.

해소되지 않는 스트레스와 마음속의 문제가
신체 증상으로 나타나는 것인데, 꾀병과는 거리가 멀다.

신체화는 감정 표현이 서툴고, 스트레스를 받아도
참고 견디는 사람들에게 많이 나타난다.

신체 증상만을 호소하는 경우 '신체화장애' 진단을
내리기도 하지만 신체 증상은 우울이나 불안 등의
기분 증상과 동반되는 경우가 많다.

불편한 증상의 원인 감별을 위해 검사도 중요하지만,
검사에서 이상이 없다면 마음을 들여다볼 필요가 있다.

마음의 문제를 먼저 들여다보고
감정을 솔직하게 받아들이는 것부터 시작해보자.
언젠가 당신의 몸도 마음도
편안해지는 날이 분명 찾아올 거라 믿는다.

"머리가 너무 아파요. 소화도 안 되고요. 근데 병원에서는 이상이 없대요."

 억울한 듯한 표정으로 진료실에 들어오는 분들을 종종 만납니다. 얼굴을 찡그릴 정도로 몸이 불편한데, 어떤 검사를 해도 원인을 찾지 못하면 그 답답함은 더 커지기 마련입니다. 이럴 때 "신경성일 수도 있어요" "정신과에 한 번 가보세요"라는 말을 들으면, 당황스럽기도 하죠. "몸이 아픈데 왜 정신과에 가야 하나요?"라는 질문은 너무나 자연스러운 궁금증일지도 모릅니다.

 '신체화'라는 용어가 있습니다. 해소되지 않은 감정이나 마음의 문제가 신체 증상으로 나타나는 현상을 말하죠. 드라마 속 '화병 난 어르신'으로 종종 표현되지만 실제로는 남녀노소 누구에게나 나타날 수 있습니다. 특히 감정을 표현하는 것이 서툴고 스트레스 조절이 어려운 사람들에게 더 자주 나타나는 경향이 있습니다. 불안, 우울과 같은 감정 문제가 몸의 불편함으로 드러나는 것이죠.

물론 정확한 진단을 위해 정밀한 신체 검사는 꼭 필요합니다. 하지만 반복적인 검사에도 원인을 찾을 수 없다면 그 불편함 뒤에 감춰진 마음의 신호를 살펴보는 것도 중요합니다. 정신과 진료는 내 마음을 돌이켜보는 일입니다. 아직은 낯설고 선뜻 내키지 않을 수 있지만 그 선택이 생각보다 큰 편안함으로 바뀔 수 있어요.

혹시 원인 모를 신체적 불편감에 답답해하고 있지는 않나요? 그렇다면 감정의 문을 조금만 열어보는 것은 어떨까요? 당신의 마음은 꽤 오래전부터 신호를 보내고 있었을지도 모릅니다.

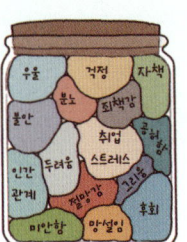

외상후 스트레스장애, 과거의 나에게 보내는 편지

사고, 재난, 폭행 등 생명을 위협하는 큰 사건을
경험하면 그 기억은 마음속 깊은 곳에 자리를 잡는다.
기억은 '트라우마'가 되어 사라지지 않고 나를 괴롭힌다.

트라우마에 대응하기 위해 마음은 감정 난로를 가동한다.
불안, 우울, 분노와 같은 뜨거운 감정들이
활활 타오르며 기억은 점점 희미해질 수 있다.

하지만 트라우마를 겪은 사람 중 일부는
시간이 지나도 매일같이 그날의 일을 곱씹는다.

스스로를 탓하거나, 누군가를 원망하며 적어 내려가는
수많은 생각들이 땔감이 되어 끝없이 불을 지핀다.
어느새 소중했던 것들마저 새까맣게 타버린다.

트라우마로 인한 증상이 지속적으로 나타나는 경우
외상후 스트레스장애(PTSD)로 진단하기도 한다.

PTSD는 약물 치료와 상담 치료뿐만 아니라,
트라우마 경험을 직면하고 부적절한 사고 패턴을
교정하는 노출 치료가 필요할 수 있다.

직접 트라우마를 마주하는 것이 힘든 경우, 녹음이나 글쓰기를 통해 노출치료를 진행하기도 합니다.

트라우마를 마주하는 것은 매우 힘든 일이다.

과거에 묶여 나아가지 못한 만큼 뒤처진 것도 괴롭다.

하지만 아무리 피해도 마음속에는 더 이상 숨을 곳이 없다.

지금의 괴로운 마음은 이미 수없이 도망치고 숨어온

과거의 내가 보내는 구조 신호일지도 모른다.

언젠가 아픔을 딛고 밝아진 내일을
적어볼 수 있길 바라며,
그날의 나에게 편지를 써보는 건 어떨까?
그래도 여기까지 잘 걸어왔다고,
앞으로도 씩씩하게 걸어가겠다고.

외상후 스트레스장애(PTSD)라는 용어를 들어보셨나요? 전쟁, 큰 사고, 폭행처럼 생명에 위협을 느낄 정도로 충격적인 사건을 겪은 뒤 생긴 트라우마로 인해 나타나는 정신과적 질환입니다. 영화나 드라마에서 종종 다뤄져 비교적 널리 알려진 개념이지만, 실제 PTSD는 단순한 '과거의 트라우마'에서 그치지 않고 일상을 무너뜨릴 만큼 깊은 상처를 남기기도 합니다. 트라우마를 떠올리게 하는 작은 단서에도 예민한 반응과 회피 행동이 나타나고 지속적인 부정적인 감정 상태, 흥미 저하, 집중력 저하 등의 만성적인 증상이 동반되기도 해요. 우울증과 같은 다른 질환이 함께 나타나는 경우도 흔하며, 증상이 겹쳐 정확한 진단이 어려운 경우도 많습니다.

꼭 PTSD처럼 큰 트라우마가 아니더라도, 우리는 과거의 기억에 괴로워하는 순간을 종종 마주합니다. 트라우마가 될 법한 기억을 마주했을 때 처음에 느껴지는 불안, 우울, 분노와 같은 감정들은 사실 잘못된 것이 아닙니다. 나를 괴롭히는 기억과 감정을 덜어내기 위해 마음속에서 커다란 감정 난로를 켜고 뜨겁게 에너지를 소비하는 것이기 때문이죠.

하지만 어떤 기억들은 시간이 지나도 사라지지 않고, 오히려 더 깊게 자리 잡아 나를 괴롭히기도 합니다. 마음 한편에서 그날의 내가 여전히 같은 자리에 앉아 누군가를 탓하고, 때로는 나 자신을 책망하며 매일 일기를 써내려가고 있을지도 모릅니다. 이런 생각들은 또 다른 연료가 되어 감정을 끊임없이 태우고, 어느새 소중했던 것들마저 새까맣게 그을려 잿빛으로 세상을 바라보게 만듭니다. 그렇게 행복은 너무나 멀어 보이고, 모든 것이 무의미하게 느껴질 수도 있습니다.

과거의 기억은 지울 수도, 바꿀 수도 없습니다. 그렇기에 더 괴롭고, 지난 시간 동안 뒤처진 것만 같은 내 모습이 아프게 느껴지기도 하죠. 하지만 새롭게 적어갈 수 있는 오늘과 내일의 이야기를 위해, 그날의 나에게 편지를 써보는 건 어떨까요? 많이 힘들었지만, 그래도 여기까지 잘 왔다고. 그리고 앞으로도 씩씩하게 걸어가 볼 거라고 말이죠.

우리는 왜 넘어지는 걸까? 적응장애란?

우리는 살면서 수많은 실패와 변화, 좌절을 맞닥뜨린다.
두려운 마음에 숨어보지만 어김없이 나를 찾아낸
그들은 마음에 깊은 상처를 남긴다.

시련의 바위 부족 원주민들은 보기보다 힘이 세고 끈질깁니다.
시험에 떨어지거나, 이별 같은 커다란 시련을 마주하면 느닷없이 찾아오죠.

상처받은 마음은 넘어졌던 그곳에 주저앉아
잃어버린 것들을 떠올리며 밤을 꼬박 지새운다.
그런데 아침이 되어도 해는 떠오르지 않는다.

심리적, 사회적으로 환경에 큰 변화를 줄 수 있는
스트레스를 경험한 뒤 우울, 불면, 불안 등의
증상이 발생했다면 적응장애를 우선 감별해야 한다.

평소 심리적 취약성이 있거나, 스트레스에 대처하는
기술이 부족하다면 적응장애 발생 가능성이 높아진다.

스트레스 사건이 해결되고, 시간이 지나며 호전되기도 하지만 증상의 심각도에 따라 일정 기간 상담 치료 또는 증상 조절을 위한 약물 치료가 필요할 수도 있다.

적응장애의 증상이 우울증이나 PTSD 같은 다른 질환으로 이어질 수 있기 때문에, 꾸준히 치료자와 상태를 관찰하는 것이 중요하다.

우리가 실패와 좌절에 걸려 넘어지는 이유는
어쩌면 다시 일어서는 법을 배우기 위해서가 아닐까?

'적응장애'는 우울증이나 공황장애처럼 널리 알려진 질환은 아니지만 정신과에 처음 찾아오는 분들에게 자주 감별 질환으로 진단되는 병 중 하나입니다. 감별 질환이란 환자의 증상을 근거로 진단을 내릴 때 고려할 수 있는 여러 가능한 질환들을 말합니다.

우리는 살아가면서 수많은 좌절과 실패를 경험합니다. 때로는 갑작스러운 변화가 너무 버거워서 넘어지기도 하죠. 이처럼 다양한 스트레스 요인을 경험한 후 3개월 이내에 우울, 불안, 불면 등의 감정 변화가 나타난다면 적응장애를 의심해볼 수 있습니다.

적응장애는 스트레스 요인이 사라지면서 자연스럽게 호전되기도 합니다. 하지만 증상의 정도와 개인의 상황에 따라 심리 치료나 증상 조절을 위한 약물 치료가 필요할 수도 있습니다. 적응장애의 증상들은 우울증과 같은 다른 질환에서도 흔히 나타나는 증상들이 포함되어 있어, 시간을 두고 다른 질환이 동반되지 않는지 관찰하는 것도 중요합니다. 그렇기에 꼭 약물 치료를 시작하지 않더라도 주기적으로 내원하여 힘든 감정에 대해 이야기하고 스트레스에 대처하는 방안을 세워보는 것이 도움이 될 수 있습니다.

우리는 왜 자꾸만 넘어질까요? 때로는 나만 겪는 것 같은 어려움과 괴로운 시간들이 원망스러울지도 모릅니다. 하지만 우리가 넘어지는 이유는 어쩌면 다시 일어서는 법을 배우기 위해서가 아닐까요? 다시 일어나 씩씩하게 걸어갈 당신의 내일에 작은 용기를 보탭니다.

저는 왜 사람들 앞에만 서면 두려울까요?

사람들 앞에 서면 심장이 터질 듯이 긴장되고,
말문이 쉽게 열리지 않는 사람들이 있다.

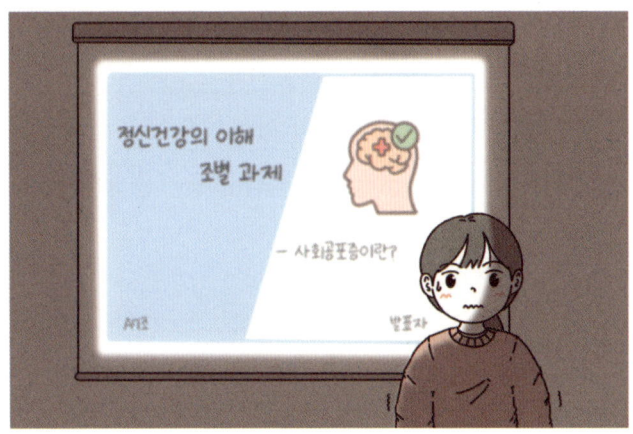

'사회공포증'은 타인의 부정적인 평가를 두려워하며,
다양한 사회적 상황을 피하는 상태를 말한다.
두려움이 비합리적이라는 걸 알면서도 조절하기 어렵다.

사회공포증의 원인은 다양하지만,
그 두려움을 지속시키는 건 '자동사고'인 경우가 많다.
자동사고는 마음속 깊은 곳에 숨어있다가
순간적으로 떠오르는 생각을 말한다.

과거의 실패와 두려운 기억들은 생각을 편향시킨다.
부정적인 자동사고는 많은 상황에서 나를 괴롭게 하고,
결국 점점 더 많은 것들을 피하게 된다.

부정적인 생각들은 두려움을 키운다.
그리고 두려움이 불러온 감정과 신체 반응들이
중요한 순간마다 나를 방해한다.

사회공포증의 치료는 약물치료와
다양한 인지적 접근으로 나눌 수 있다.
필요할 때만 복용할 수 있는 항불안제, 신경전달물질
불균형을 회복시키는 항우울제를 사용할 수도 있다.

인지적 접근이란 생각의 흐름을 바꾸는 것을 말한다.
한쪽으로 치우친 부정적인 자동사고를 알아차리고,
합리적으로 생각을 전환하는 연습을 하기도 한다.

작은 용기를 내어 새로운 경험을 쌓아가다 보면,
그 경험은 단단한 발판이 되어 두려움을 이겨낼 힘이 된다.

두려움은 당신만 겪는 것이 아니다.
두려움을 이겨낸 당신은 분명 더 밝은 곳으로
나아갈 수 있다는 작은 용기를 전하고 싶다.

사람들 앞에서 발표할 일이 생기면 손이 덜덜 떨리고 심장이 두근거려 버티기조차 힘든 경험을 해보신 적이 있나요? 정도의 차이는 있겠지만, 여러 사람의 관심과 시선이 집중된 상황에서 긴장과 불안을 느꼈던 기억은 누구나 하나쯤 가지고 있을 것입니다.

'사회공포증'은 이러한 두려움과 불안이 너무 커져 일상생활에까지 영향을 미치는 질환을 말합니다. 발표나 면접처럼 사람들의 주목을 받는 상황에서 극심한 불안을 느끼고, 그로 인해 점차 이런 상황을 회피하게 되죠.

사회공포증의 원인은 다양합니다. 유전적 요인이나 개인의 기질, 그리고 과거의 트라우마가 될 수 있는 경험 등 여러 요인이 영향을 미칠 수 있습니다. 하지만 두려움을 지속시키는 주된 요인은 '자동사고'입니다.

자동사고란 마음 깊숙이 숨어있다가 특정 상황에서 순간적으로 떠올라 감정과 행동에 영향을 주는 생각을 말합니다. 과거의 실패나 두려운 기억들이 쌓이면 자동사고가 부정적인 방향으로 치우치기 쉽습니다. 이러한 부정적인 자동사고는 불안감을 키웁니다. 그로 인해 심장 두근거림, 손 떨림 같은 신체 반응을 일으키며, 결국 중요한 순간마다 실수를 반복하는 악순환으로 이어질 수 있습니다.

사회공포증의 치료 방법에는 약물 치료와 인지적 접근이 있습니다. 항불안제는 손 떨림, 두근거림과 같은 불안 증상을 완화하는 데 도움을 줄 수 있습니다. 항우울제는 호르몬 불균형을 바로잡아 장기적으로 불안 반응을 줄이는 역할을 합니다. 인지적 접근이란 생각의 흐름을 바꾸는 다양한 방법들을 의미합니다. 앞서 이야기한 한쪽으로 치우친 자동사고를 알아차리고, 이를 좀 더 합리적인 쪽으로 전환하는 연습을 함께 하기도 합니다.

작은 용기를 내어 두렵기만 했던 상황에 새로운 경험을 쌓아가다 보면, 그 경험이 단단한 발판이 되어 두려움을 극복할 힘을 점차 키울 수 있습니다. 두려움 때문에 많은 것을 포기하고 괴로워하는 당신에게, 작은 위로와 용기를 전합니다.

마음을 조율하는 줄이 흐트러진다면? 조현병이란?

언젠가부터 나에게만 들리는 낯선 목소리들.
내게 무슨 일이 생긴 걸까?

조현병은 뇌의 신경회로가 제대로 조율되지 않아
생각과 감각, 감정의 흐름이 흐트러지는 질환이다.

환청, 망상, 엉뚱한 언어/행동과 같은 '양성증상'과
의욕이 줄고 사람들과 멀어지는 '음성증상'이 특징이다.

하지만 환청이나 망상은 꼭 조현병이 아니라
다양한 원인으로 인해 나타날 수 있다.

조현병은 도파민의 불균형을 조절하기 위해
약물치료를 시작하는 경우가 많다.
최근에는 다양한 약들이 개발되어,
부작용은 줄고 치료 효과는 높아지고 있다.

중추 신경계의 신경전달물질인 도파민은 다양한 역할을 합니다.

약물치료 외에도 사회적 기술을 회복하는 프로그램,
가족교육, 인지행동치료 등 다양한 접근이
회복에 중요한 역할을 한다.

빠른 발견과 치료가 무엇보다 중요해서
지역사회에서는 조기발견과 중재를 위한
시스템 구축에 많은 노력을 쏟고 있다.

나만 이상한 건 아닐까, 마음 졸이며 고통받는 당신.
혼란의 정체를 아는 일이 회복의 첫걸음이 될 수 있다.

'조현병'은 어디선가 한 번쯤 들어봤지만, 여전히 낯설고 어렵게 느껴지는 이름일지도 모르겠습니다. 조현(調絃)은 현악기의 줄을 조율한다는 뜻입니다. 조현병은 뇌의 신경회로가 제대로 조율되지 않아 감정과 사고, 언어와 행동이 흐트러지는 질환입니다. 환청이나 망상 같은 양성증상뿐 아니라 점점 말수가 줄고 사람들과 멀어지는 음성증상도 함께 나타납니다. 하지만 환청이 있다고 해서 모두 조현병으로 진단하는 것은 아닙니다. 우울증이 심해질 때나 극심한 스트레스 상황에서도 일시적인 환청이나 망상이 생길 수 있어요. 정확한 진단과 세심한 평가가 무엇보다 중요한 이유입니다.

조현병의 치료에는 도파민 등 신경전달물질을 조절하는 항정신병 약물이 사용되며, 약물치료 외에도 일상생활을 돕기 위한 다양한 심리·사회적 접근이 함께 이루어져야 합니다. 조기 발견과 빠른 치료 시작이 예후에 큰 영향을 미치기 때문에 요즘은 지역사회 안에서 조기 개입과 고위험군 지원 체계를 마련하는 노력이 활발해지고 있습니다.

지역사회에서는 어떤 도움을 받을 수 있을까요? 아픈 마음을 혼자 견뎌온 당신에게 지역사회에서 받을 수 있는 도움을 소개합니다. 전국적으로 설치된 정신건강복지센터는 초기 상담과 치료 연계를 돕습니다. 일부 지역에서는 청년을 대상으로 하는 조기중재센터인 마인드링크(청년마음건강센터)도 함께 운영되니 기억해두면 좋겠습니다.

조현병이라는 단어가 당신에게 더 이상 두렵게만 느껴지지 않기를 바랍니다. 마음을 조율하는 줄이 잠시 흐트러진 것일 뿐입니다. 따뜻한 이해와 적절한 치료가 있다면 그 마음은 다시 천천히 제 소리를 되찾을 수 있습니다.

감정이 힘들게만
느껴지는 당신에게

나쁜 감정은 없애면 안 되나요?

당장이라도 울 것 같은 얼굴로 힘들지 않다고
말하는 사람에게 감정에 대한 이야기를 들려주곤 한다.

감정을 그대로 받아들이는 경험이 부족한 사람들은
불편한 감정들을 마음 속에 가두고 억누르며
감정을 선택하려 한다.

하지만 우리 마음은 끝도 없이
감정을 담아낼 수 없어 결국 흘러 넘치고 만다.
흘러 넘친 감정은 예상치 못한 새로운 모습으로
나를 괴롭게 하기도 한다.

때로는 나쁜 감정을 빠르게 없애고 싶은 마음에
자해나 과도한 음주, 과수면, 구토 등
잘못된 행동에 빠지기도 한다.

그런데 좋은 감정과 나쁜 감정을 어떻게 구분할 수 있을까?
우울, 죄책감, 불안, 분노는 전부 나쁜 감정일까?

친구와 놀러가던 중 엄마가 아프다는 연락을 받고
잠시 고민하다 걸음을 돌린다.
죄책감이라는 감정이 있기에 잘못된 행동을 고칠 수 있다.

나를 향해 트럭이 속도를 줄이지 않고 달려올 때
경적 소리를 듣고 빠르게 반응해 피할 수 있다.
불안은 우리 몸을 위기에 대응할 수 있도록 준비시킨다.

부정적인 감정에도 알고 보면 순기능이 있다.
애써 억누르던 감정도 내게 필요한 감정일지 모른다.

감정에 이름을 붙이고 자세히 들여다보자.
그리고 감정이 나를 찾아온 이유를 들어보자.
당신이 감정을 다루는 중요한 첫걸음을 떼기 위해서.

감정에 대해 환자들과 이야기를 나누다 보면 부정적인 감정을 느끼지 않으려 억누르거나 피하는 경우를 종종 보게 됩니다. 더 나아가 "나는 힘들면 안 된다" "슬프지 않다"고 말하는 분들을 만나기도 합니다. 오랜 시간 나를 힘들게 했던 감정들이 쌓이다 보면, 어느새 그 감정들이 불청객이 되어 마음속 깊은 곳에 쌓여버리게 됩니다. 그렇게 나도 몰랐던 감정들이 가득 차고 넘쳐흐를 때, 참았던 감정들이 여러 가지 모습으로 나를 아프게 할 수 있습니다. 때로는 우울증, 공황이나 신체화와 같은 증상으로 나타나기도 해요.

그렇다면 나쁜 감정은 아예 없애면 좋지 않을까요? 하지만 안타깝게도 감정을 선택해서 느끼는 것은 어려운 일입니다. 일단 좋은 감정과 나쁜 감정을 구분하기도 어렵죠. 사실 모든 감정은 저마다의 역할이 있습니다. 불안이나 죄책감 같은 감정도 부정적으로만 느껴질 수 있지만 그 순기능을 통해 우리를 더 나은 방향으로 이끄는 역할을 하기도 합니다.

어떤 감정이든 우선 그 감정을 있는 그대로 지켜보는 것이 중요합니다. 나를 두렵게만 하던 감정을 조절하는 첫걸음은 감정을 있는 그대로 이해하고 받아들이는 것이지만, 때로는 참 어렵게 느껴지기도 합니다. 감정에 이름을 붙이고, 그 감정을 자세히 들여다보는 것부터 시작하면 어떨까요? 왜 이런 감정이 내게 찾아왔는지 조심스럽게 들여다보면 때로는 무섭게만 느껴지던 감정들이 내게 다가와 이야기를 건넬지도 모릅니다. 어려운 시간을 보내는 누군가가 언젠가 무거움을 덜어내고 감정을 조금씩 다뤄갈 첫걸음을 떼기를 바라며 감정에 대한 짧은 이야기를 전합니다.

비가 내리더라도

비가 내리는 날에 유독 마음이 무거운 건 기분 탓일까?
내뱉은 한숨이 모여 구름이 되면,
걱정과 고민이 소나기처럼 나를 적신다.

빗방울이 거세지면 비를 피하려 처마 밑에 숨기도 한다.
빗줄기를 보며, 앞으로 걸어갈 엄두를 내지 못한다.

비가 그친 뒤에도 쉽사리 걸음을 떼지 못할 때가 있다.
또 비구름이 몰려오지는 않을까 하늘만 바라본다.

하지만 구름만 계속 바라본다고 해서
비가 언제 어디서 내릴지 알 수는 없다.

언젠가 비가 내리더라도 두려워할 필요는 없다.
우산을 펼치고 씩씩하게 걸어가면 된다.

마음속 불안과 걱정도 마찬가지다.
당신의 주변에는 우산이 되어줄 사람들이 있다.

우리는 언제든 우산을 쓰고 앞으로 나아갈 수 있다.
비가 내리더라도 말이다.

비가 내리면 유독 마음이 무거운 것은 기분 탓일까요? 추적추적 내리는 저 빗줄기처럼, 때로는 우리 마음속에도 비가 내리곤 합니다. 크고 작은 걱정과 고민들, 내뱉은 한숨이 구름처럼 쌓이다 보면 어느새 소나기가 되어 마음을 적시기도 하죠.

가끔은 비가 너무 거세져 일상을 멈추고, 처마 밑에 몸을 숨기게 됩니다. 그리고 때로는 우울이나 불안 같은 감정들이 긴 장마처럼 이어지며, 누군가의 마음엔 매일같이 비가 내리는 날들이 이어지기도 합니다.

어떤 이들은 비가 그친 뒤에도 쉽게 밖으로 나서지 못합니다. 세차게 내리던 비가 너무 두려워, 언제 또 비가 올까 불안한 마음으로 하늘 위 구름만 바라보게 되죠. 구름을 아무리 바라봐도 비가 언제 내릴지 알 수 없다는 걸 알면서도 두려움은 마음속에 조용히 자리를 잡습니다.

그런 이들에게 비가 내리더라도 우산을 쓰고 가야 할 길을 향해 걸어갈 수 있다는 걸 알려주곤 합니다. 정말로 다시 비가 다시 내린다 해도 소중한 가족, 친구 혹은 전문가의 도움을 받아 든든한 우산을 쓰고 걸어가보면 어떨까요? 망설이는 당신의 발걸음이 조금이나마 가벼워지길 바랍니다. 우리는 분명 우산을 쓰고 나아갈 수 있습니다. 비가 내리더라도.

풍선을 바라보는 연습

우리는 마음속에 수많은 풍선을 안고 살아간다.
어떤 풍선에는 불안, 어떤 풍선에는 슬픔이 담겨있다.

어느새 마음이 풍선으로 가득 차서 불편해지면,
어떻게든 이 풍선들을 없애려 발버둥친다.

하지만 감정은 풍선과 같아서
떠나가라 소리칠수록 더 부풀어 오른다.
그럴 때는 풍선을 바라보는 연습을 해보면 어떨까?

풍선이 어떻게 생겼는지, 어떤 색인지 천천히 바라본다.
불안이라는 풍선은 주황빛에 가깝고, 뜨겁고,
가슴 쪽에서 가장 잘 느껴지는 것 같다.

이제 그 풍선을 조금 더 깊이 들여다볼 차례다.
이 풍선은 어디서 왔을까? 왜 지금 나에게 찾아온 걸까?

풍선을 꽉 쥐고 있던 손에 살짝 힘을 풀어본다.
감정과 나 사이에 거리가 생기는 것을 느낄 수 있다.

물론 '풍선이 더 커져서 돌아오면 어쩌지?' 하는
걱정스러운 마음이 들 수도 있다.

하지만 이제는 놓아주는 연습이 필요할 때가 아닐까?
풍선과 멀어질수록 내 마음도 가벼워질 수 있다.

풍선이 되돌아와도 괜찮다.
그저 연습한 대로 조용히 바라보다가
다시 지금 여기로 돌아오면 된다.
풍선을 바라보듯 말이다.

불편한 감정이나 생각에 휘말려 점점 더 깊은 괴로움 속으로 빠져들었던 경험이 있으신가요? 감정은 마치 풍선처럼 어디선가 갑자기 떠올라 마음을 이리저리 흔들어놓곤 합니다. 때로는 그 풍선이 너무 많아져서 내 마음속을 가득 채우는 것처럼 느껴지기도 하죠. 여러분은 지금까지 감정이라는 풍선을 어떻게 대해왔나요? 그것들이 빨리 사라지기를 바라며 잡아당기고 밀어내면서 감정과 씨름하듯 애쓰지는 않았나요? 하지만 감정은 풍선과 닮아 있어 떠나가라 외칠수록 내 한숨을 머금고 더 부풀어오르곤 합니다.

그럴 땐 '풍선을 바라보는 연습'을 시작해보는 건 어떨까요? 먼저 마음속에 떠오른 풍선을 그저 가만히 바라보는 것에서부터 출발합니다. 그 풍선은 어떤 모양일까요? 무슨 색을 띠고 있을까요? 내 몸의 어느 부위에서 가장 또렷하게 느껴질까요? 그리고 그 풍선이 왜 지금, 내 마음속에 찾아온 건지 조용히 들여다봅니다. 잘해내고 싶은 마음, 반복된 실패에 대한 두려움, 앞두고 있는 무언가에 대한 긴장감 등 막연히 불편하게만 느꼈던 감정 속에도 사실은 저마다의 이야기가 담겨있습니다.

이제 풍선을 꽉 쥐고 있던 손에 힘을 살며시 풀어봅니다. 감정을 없애려고 하지도, 억지로 붙잡고 있지도 않고 그저 조금 떨어져서 바라보는 거예요. 비록 당장 사라지지 않더라도 그 풍선이 내게서 점점 멀어져가는 걸 지켜보며 다시 '지금 여기'로 돌아오는 연습을 해보는 거죠.

처음에는 풍선을 놓는 것이 낯설고 두렵게 느껴질 수도 있습니다. 언젠가 그 풍선이 다시 찾아온다고 해도 괜찮습니다. 풍선을 바라보는 연습을 해본 우리는 이번에도 그저 바라보다가 조용히 보내주면 되니까요. 오늘, 당신의 마음속에는 어떤 풍선이 떠다니고 있나요?

거친 파도가 몰아치더라도

실패, 재난, 이별, 질병 같은 고통의 파도가 몰아치면,
그 앞에 선 나는 어떻게든 그것을 없애보려 애를 쓴다.

파도는 쉽게 사라지지 않고, 나는 파도에 휩쓸리고 만다.
그런 당신에게 전하고 싶은 이야기가 있다.

나를 괴롭히던 감정과 생각을
있는 그대로 바라보고 이름을 붙여보자.
한발 물러서서 바라보는 것이 첫걸음이다.

이번엔 관객석으로 자리를 옮겨보자.
두 발이 바닥에 닿는 안정감을 느끼고,
허리를 펴고 심호흡을 해본다.

보이는 것, 소리, 냄새에 집중해본다.
조명이 닿지 않는 어두운 곳에도 많은 것들이
존재하고 있음을 알아차린다.

이 순간을 알아차린다고 파도가 사라지는 건 아니다.
파도는 여전히 나를 집어삼킬 듯 요동친다.

하지만 연극처럼 인생도 끊임없이 변해간다.
끝이 없을 것만 같던 고통의 파도도 결국은 잦아든다.

고통스러운 감정과 생각의 파도가 밀려올 때마다
그들을 있는 그대로 바라보고, 이름을 붙여주자.

마음에 거친 파도가 몰아치더라도
우리에게 필요한 것은 그저 지금 이 순간을
알아차리는 것일지도 모른다.

누구나 살면서 한 번쯤은 거친 파도를 만납니다. 실패, 좌절, 사고, 재난, 이별 등의 고통 앞에서 괴로움을 느끼는 건 너무나 자연스러운 일입니다. 하지만 때로는 그 고통이 너무 강렬해서 마음속에 파도가 여러 차례 몰아치기도 합니다. 마치 삶이라는 무대 위에서 조명이 오직 고통만을 비추는 것 같죠. 그 앞에 선 우리는 파도를 없애보려 애쓰지만, 결국 그 물결에 휩쓸려 길을 잃기도 합니다. 그런 당신에게 되풀이되는 고통의 감정과 생각 속에서 조금은 다른 방식으로 벗어나는 방법을 이야기해보고 싶습니다.

수용전념치료 이론을 바탕으로 쓰인 러스 해리스의 책 《인생에 거친 파도가 몰아칠 때》에서는 '닻 내리기'라는 방법을 소개합니다. 닻 내리기는 고통스러운 감정이나 생각을 피하지 않고, 그대로 알아차리고 이름을 붙이는 것에서 시작합니다. "나는 지금 우울한 감정을 느끼고 있구나" 같은 한마디 정도면 충분합니다.

그리고 나서 몸의 감각과 연결되어 통세력을 되찾는 겁니다. 허리를 곧게 펴고, 두 발로 땅을 단단히 디뎌보며, 천천히 숨을 들이마시고 내쉬어봅니다. 연극 무대 위에서 한 걸음 물러나 관객석에서 나를 바라보듯 감정을 조금 멀리서 바라보는 거죠. 감정과 생각이 나를 괴롭히더라도 몸은 내가 통제할 수 있다는 것을 깨닫는 겁니다.

마지막으로 지금 여기로 돌아올 차례입니다. 보이는 것, 들리는 소리, 맡을 수 있는 냄새에 집중하면서 지금 이 순간의 현실을 다시 바라봅니다. 조명이 여전히 고통을 비추고 있어도 무대 어딘가에는 내가 소중히 여기던 가치들이 여전히 존재하고 있다는 것을 떠올리는 겁니다.

'이런 게 무슨 소용이야'라는 생각이 들 수도 있습니다. 고통 앞에서 우리는 누구나 무기력해지곤 하니까요. 하지만 연극처럼 인생도 끊임없이 장면이 바뀌어갑니다. 흐리고 비가 오는 날이 있다면 언젠가는 다시 햇살이 비추는 날도 찾아올 것입니다. 끝이 없을 것 같던 고통의 파도도 언젠가는 잔잔해질 겁니다. 그때까지 우리는 닻을 내리고 지금, 여기에 집중해보는 겁니다. 마음속에 찾아온 거센 파도 앞에서 우리에게 필요한 건 그저 '알아차림'일지도 모릅니다.

버스를 운전하는 것처럼

살다 보면 내 뜻대로 풀리지 않는 일들이 너무나 많다.
엉킨 실타래처럼 어디서부터 풀어야 할지 막막하다.

직장에서 상사와의 갈등, 학교 친구와의 갈등…
가끔은 모든 걸 놓아버리고 싶은 마음이 든다.

도대체 무엇이 정답일까?

그저 나만 참고 희생하면 전부 해결될까?

인생이라는 버스를 운전하고 있다고 상상해보자.

길이 헷갈릴 때도 있지만 목표를 향해 달리고 있다.

버스에는 수많은 승객이 타고 내린다.
때로는 소리를 지르고, 욕을 하는 승객들이 타기도 한다.

게다가 버스는 험난한 오르막길을 오르기도 하고,
구덩이에 바퀴가 빠지기도 한다.

하지만 버스는 늦더라도 결국 목적지에 도착한다.
어느새 승객들은 모두 내리고 빈자리만 놓여있다.
나는 다시 다음 목적지를 향해 달려간다.

버스의 모든 승객과 친해질 필요는 없다.
때로는 오르막길이나 구덩이를 만나더라도,
당신이 정한 길을 향해 묵묵히 나아가면 된다.

조금 느리더라도, 가끔은 흔들리더라도
내가 소중하게 여기는 가치와 목표를
놓지 않는 것이 중요한 게 아닐까?
버스를 운전하는 것처럼 말이다.

살다 보면 우리를 괴롭게 하는 많은 일들을 마주합니다. 직장에서 나를 힘들게 하는 상사, 자존감을 깎아내리는 친구 관계, 그리고 내가 원치 않았던 수많은 갈등들. 그럴수록 우리는 자꾸 눈앞의 문제를 해결하려 애쓰게 됩니다. 어떻게든 잘 지내보려고, 모든 걸 잘 해내보려고 발을 동동 구르다 보면 정작 처음에 소중히 품었던 목표나 가치는 어느새 뒷전으로 밀려나곤 하죠.

 하지만 우리는 알고 있습니다. 처음 직장을 다니기 시작할 때 세운 목표가 모든 사람들과 잘 지내는 것은 아니었다는 걸. 모든 것이 내 뜻대로 되지 않더라도 내가 정말 중요하게 여기는 방향을 따라 조금씩, 천천히 나아가면 됩니다. 오늘도 많이 지치고 흔들리는 당신이 어떤 승객이 타고 내리더라도 스스로 정한 길을 따라 묵묵히 버스를 운전하듯 살아갈 수 있길 바랍니다.

감정에 선을 긋는 연습

이유 없이 기분이 가라앉고, 불안함에 잠을 설치기도 한다.
이 감정들은 대체 어디서 온 걸까?

우리가 느끼는 대부분의 감정은 이유를 품고 있다.
하지만 정체를 알 수 없는 감정과 마주할 때도 있다.

그런 감정은 대부분 타인의 감정과 복잡하게 얽혀 있다.
얽히고설킨 감정이 내 탓인 것만 같다.

감정을 있는 그대로 수용해본 경험이 적은 사람들은
감정을 인식하고 받아들이는 것조차 어렵다.
그들에게 감정은 처리해야 할 숙제처럼 느껴진다.

그런 사람일수록 감정의 신호에 민감해서
타인의 미묘한 감정 변화도 쉽게 눈치챈다.

때로는 엄마의 불안, 아빠의 죄책감 같은
내가 해결할 수 없는 타인의 감정도
어떻게든 지워보려 애쓰기도 한다.

하지만 타인의 감정을 해결해주는 일은 쉽지 않다.
사람마다 생김새가 다르듯 감정의 이유도 다르고,
해소되는 방식 또한 제각각이기 때문이다.

타인의 감정까지 끌어안고 버거워하는 사람에게는
감정에 선을 긋는 연습을 권한다.
그 감정이 정말 내 것인지, 어디서 온 것인지
들여다보는 것이 시작이다.

그리고 타인의 감정에는 조용히 선을 그어보자.
나의 감정처럼, 타인의 감정에도 시간이 필요하다.
내게 찾아온 감정이 너무도 무겁게 느껴지는 날에는
감정에 선을 그어보는 건 어떨까?

유독 감정에 취약한 사람들을 자주 만나곤 합니다. 감정은 본래 나쁜 것이 아니지만, 그 순간이 너무 괴로워 본능적으로 빨리 없애려는 반응을 보이기도 하죠. 강렬한 자극으로 덮거나, 감정 자체를 억누르고 부인하는 습관이 자리 잡기도 합니다. 자신의 감정을 다루는 데 익숙하지 않다 보니 감정에 더 민감해지고 예민해지기도 해요. 그 불편함 때문에 오히려 작은 단서만으로도 감정을 누구보다 빨리 감지하고, 심지어 타인의 감정에도 감수성이 높아지곤 합니다.

문제는 그 감정이 내 것인지, 아니면 타인에게서 온 것인지조차 구분이 어려울 때가 많다는 점입니다. 부모님의 걱정이나 친구의 슬픔까지 어떻게든 해결해주고 싶은 마음은 자꾸만 나를 재촉하게 되죠. 내 감정도 벅찬데, 타인의 감정까지 끌어안으려 하면 점점 지쳐가고 맙니다. 하지만 사람마다 감정을 해소하는 방식은 다르고, 때로는 시간이 필요한 감정도 있습니다. 모든 걸 내가 다 해결해야 한다고 느끼는 순간, 자신과 타인의 감정 사이에 경계가 흐려지고 감정에 압도당하는 일이 반복될지도 모릅니다.

그런 분들께 '감정에 선을 긋는 연습'을 권하곤 합니다. 지금 느끼는 감정을 들여다보고, 그 감정이 어디에서 왔는지 조심스럽게 따라가봅시다. 그리고 그것이 내 것이 아닌, 타인에게서 온 것이라면 마음속에 선을 그어 타인의 몫은 타인에게 맡기고 내 마음에 집중하는 시간을 가져보는 겁니다.

물론 매번 선을 그으며 타인의 감정을 배척하라는 뜻은 아닙니다. 하지만 살다 보면 때로는 누구에게나 내 감정도 감당하기 어려운 날이 찾아옵니다. 그런 날에는 좀 더 내 자신에게 귀를 기울이기 위해 감정에 조용히 선을 긋고 기다려보는 건 어떨까요?

겉감정? 속감정? 뭐가 다른데요?

살이 쪘다며 잔소리하는 엄마에게
화가 나서 날이 선 말을 던지고 만다.

사실 그렇게까지 말하고 싶었던 건 아닌데,
왜 자꾸만 후회되는 말을 반복하는 걸까?

사람은 누구나 사랑받고 싶고, 인정받고 싶은
근본욕구를 지니고 있다.
감정에는 사건을 통해 처음 느낀 '속감정',
그에 대한 반응으로 겉으로 드러나는 '겉감정'이 있다.

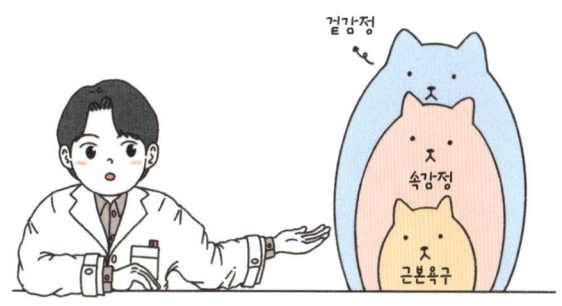

내 근본욕구는 사랑받고 싶은 마음이었다.
사랑받지 못할까 봐 불안한 마음이 속감정이 되었고,
불안을 감추기 위해 짜증과 분노라는 겉감정이 나타났다.

엄마의 근본욕구는 딸이 행복하길 바라는 마음이다.
엄마는 딸의 모습에 걱정이라는 속감정을 느꼈고,
그 감정은 짜증과 화라는 겉감정으로 나타났다.

하지만 불안한 마음을 고백하는 건 부끄럽고 어색해서
익숙한 겉감정이 튀어나오고 만다.

그럴 땐 내 근본욕구를 들여다보고

속감정을 말로 표현하는 연습을 해보는 건 어떨까?

엄마의 걱정과 나의 불안은

사실은 같은 곳을 향하고 있었던 건 아닐까?

오늘은 서툴더라도 사랑하는 사람에게
속감정을 꺼내 이야기해보는 건 어떨까?

감정에 대한 이야기를 조금 더 이어 가볼까 합니다. 매 순간 감정과 생각을 딱 떨어지게 구분하며 살 수 없지만 우리는 마음속에 늘 근본욕구, 속감정, 그리고 겉감정을 품고 살아갑니다.

근본욕구란 사랑받고 싶거나, 인정받고 싶은 마음처럼 겉으로 잘 드러나지 않지만 내면에서 간절히 바라는 어떤 가치라고 생각해보면 좋을 것 같아요. 속감정은 어떤 사건을 겪었을 때 근본욕구를 바탕으로 우리가 처음 느끼는 감정이고, 겉감정은 그 속감정에 대한 반응으로 나타나는 감정입니다. 물론 이 감정들을 정확하게 구분해내는 것은 누구에게나 어려운 일입니다.

예를 들어볼까요? 부모님과 대화를 하다가 짜증을 내고 돌아선 경험, 한 번쯤 있을 겁니다. 요즘 들어 되는 일도 없고, 나를 걱정해주는 부모님 생각에 미안함과 죄책감이 들기도 합니다. 그런데 나를 걱정하는 말투로 안부를 전하는 부모님과의 통화에서 나는 왜 짜증이나 화를 먼저 내게 될까요?

어쩌면 속감정이었던 미안한 마음을 알아차리지 못했을 수도 있어요. 혹은 미안함이나 죄책감보다는 짜증이나 분노 같은 겉감정이 더 익숙하게 느껴졌기 때문일 수도 있죠. 속마음을 꺼내놓는 건 누구에게나 부끄럽고 어색하게 느껴지니까요. 뒤돌아서 생각해보면 이런 말을 하려던 게 아닌데, 짜증을 내고 싶진 않았는데. 자꾸만 반복하게 되는 갈등과 다툼, 날 선 말들….

오늘은 내가 진짜 바라고 있는 게 무엇인지, 그래서 느낄 수밖에 없는 속감정을 조금 더 들여다보는 건 어떨까요? 그리고 그 감정을 따뜻하고 솔직한 말로 건네봅시다. 처음에는 어색하고 서툴 수 있지만, 어느새 찾아온 봄처럼 마음에도 분명 따스함이 스며들 수 있을 테니까요.

검정 마음? 흰색 마음? 회색 마음?

우리 마음속에는 감정적인 마음이라고 불리는
'검정 마음'이 살고 있다.
내 기분에 맞춰 뜨겁게 반응하는 이 마음은 때로는
친근하지만, 종종 나를 당황스럽게 하기도 한다.

한쪽에는 이성적인 마음이라고 불리는
'흰색 마음'이 살고 있다.
감정보다는 이성에 따라, 논리적으로 상황을 판단하는
이 마음은 똑똑해 보이지만 가끔은 너무 차갑다.

우리는 마치 정반대 같은 감정과 이성 사이에서
고민하고, 다투기도 한다.
그러다 어느새 한쪽으로 기울어버린 나를 마주하게 된다.

엄마와 크게 다투고, 문을 세게 닫고 방으로 들어온
나에게 어디선가 검정 마음이 말을 건다.

슬픈 일이 생겼다는 친구의 연락에 신경이 쓰였지만,
흰색 마음이 지금 중요한 건 시험이라고 일러준다.

그런데 마음속에는 또 하나의 마음이 살고 있다.
검정과 흰색 사이, 둘을 모두 알고
조화롭게 바라볼 수 있는 회색 마음이다.

회색 마음은 검정 마음과 흰색 마음을 모두 고려하면서
상황을 좀 더 합리적인 시선으로 볼 수 있게 해준다.

검정과 흰색, 꼭 어느 한쪽만 선택할 필요는 없다.
회색 마음의 목소리에 귀를 기울여보자.
당신의 지혜로운 마음은 지금 어떤 말을 하고 있을까?

이성(T, Thinking)과 감정(F, Feeling)으로 성향을 구분하는 MBTI 테스트를 해보셨나요? 저는 정신과 의사이지만 한없이 T에 가까운 성향이라 섬세하고 감정적인 공감이 필요한 상황에서는 어려움을 겪을 때가 종종 있습니다. 여러분은 어떠신가요? 이성과 감정, 둘 중 어느 쪽이 더 중요하다고 느끼시나요? 고민하는 여러분께 우리 마음속에 있는 세 가지 마음에 대해 이야기해보려 합니다.

　먼저 검정 마음은 감정을 따르는 마음입니다. 이 마음은 내 기분에 따라 민감하게 반응하죠. 예를 들어 엄마와 크게 다툰 날, 감정에 휩싸여 학교도 학원도 가기 싫어지는 그런 마음이 바로 검정 마음입니다. 이 마음은 따뜻하고 진솔하지만, 감정에만 집중하면 때때로 후회스러운 선택을 하게 만들기도 하죠.

　다음은 흰색 마음, 이성적인 마음입니다. 감정보다는 이성에 따라 판단하고, 논리적으로 '지금 해야 할 일'을 선택하게 도와줍니다. 예를 들어 소중한 친구가 속상한 마음에 연락을 해와도 '지금은 시험이 더 급하다'고 판단해 차분히 중심을 잡도록 돕는 마음이죠. 흰색 마음의 조언은 대부분 맞지만, 때로는 지나치게 차갑고 거리감이 느껴지기도 합니다.

우리는 흔히 감정적 마음과 이성적 마음, 검정과 흰색, 둘 중 하나만을 선택해야 한다고 생각합니다. 하지만 사실은 이 두 마음 사이에서 균형을 잡아주는 세 번째 마음이 필요합니다. 바로 지혜로운 마음인 회색 마음입니다. 지혜로운 마음은 감정과 이성을 모두 이해합니다. 검정과 흰색 마음의 목소리를 모두 듣고, 지금 나에게 가장 지혜로운 선택이 무엇인지 알려주는 마음이죠.

예를 들어 학교에 다니기 싫고, 화가 나더라도 상황을 더 악화시키지 않기 위해 학교에 갈 수 있는 마음. 시험이 얼마 남지 않아 여유가 없지만 계획을 점검하고 잠시 친구의 이야기를 들어줄 수 있는 마음. 우리는 모두 이 지혜로운 마음을 가지고 있습니다. 단지 너무 감정에 휘둘리거나 이성에만 매달리다 보니 잊고 지낼 뿐이죠.

물론 감정과 이성 중 어느 한쪽을 택한다고 해서 그것이 잘못된 것은 아닙니다. 감정적인 마음과 이성적인 마음, 두 마음은 모두 내가 조금 더 행복하길 바라는 마음이니까요. 하지만 중요한 결정을 내려야 하는 순간마다 어느 한쪽 마음의 소리에만 귀를 기울인다면 시간이 지날수록 점점 행복에서 멀어지는 내 모습을 마주할지도 모릅니다.

감정과 이성, 어느 한쪽으로 치우쳐 괴로웠던 날이 있었다면 오늘은 잠시 숨을 고르고 당신 안의 회색 마음에 귀를 기울여봅시다. 그 마음은 지금 당신에게 어떤 말을 들려주고 있나요?

당신에게 전하는
마음 처방전

어떻게 마음을 치료하는 건데요?

정신과 방문을 망설이는 사람들이
가장 궁금해하는 질문이 있다.
보이지 않는 마음의 문제를 어떻게 치료할 수 있을까?

첫 만남에서는 면담을 통해 현재 겪고 있는 증상부터,
천천히 당신이 살아온 삶을 돌아본다.
면담 후에는 설문지와 다양한 검사를 통해
추가적인 평가를 진행한다.

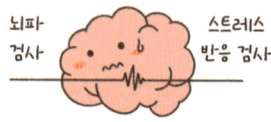

진단에 따라 치료 계획을 함께 세우고,
각 치료 방식의 장단점을 비교해 방향을 결정한다.
보다 효과적인 치료를 위해 약물치료와 상담치료를
병행하는 경우가 많다.

물론 치료 방식에 대한 견해는 임상가마다 다릅니다.

증상과 진단을 고려해 적절한 약제를 선택한다.
약물의 종류는 다양하고, 효과와 부작용은
개인마다 다르게 나타나기 때문에 낮은 용량부터
서서히 증량하는 것이 일반적이다.

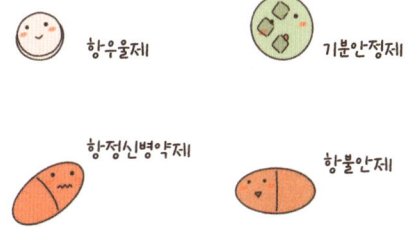

증상에 따라 약제를 조합해서 사용하기도 합니다. 꼭 특정 진단에만 특정 약제를 사용하는 건 아니에요!

상담치료는 얽힌 실타래를 함께 풀어가는 과정이다.
반복되는 문제를 들여다보며, 다시 일어설 힘을 기른다.
필요한 다양한 기술을 연습하며 변화를 만들어간다.

프로이트, 융을 비롯한 학자들의 이론을 바탕으로
무의식과 내면의 역동을 탐구하는 정신치료,
비슷한 어려움을 겪는 사람들이 함께하는 그룹치료 등
다양한 방식의 치료법이 존재한다.

자기장을 이용해 뇌 내 신경세포를 자극하는
TMS, 심박수, 호흡, 근긴장도 등 신체 변화를
실시간으로 관찰하며 조절 능력을 배우는
바이오피드백 등의 치료법도 있다.

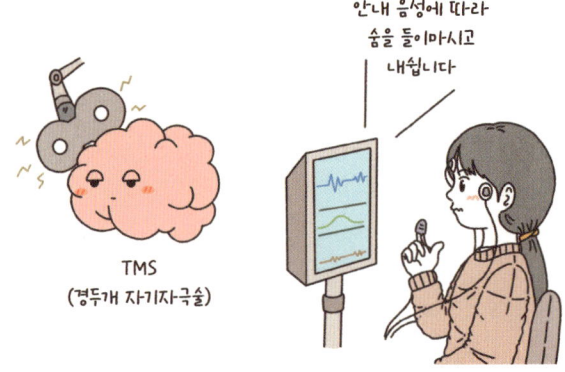

나에게 맞는 치료법을 찾는 과정이 쉽지만은 않다.
하지만 문을 열고 들어온 순간, 당신은 분명
더 나은 내일을 향해 걷기 시작할 것이다.

어떻게 눈에 보이지 않는 마음의 병을 치료할 수 있을까요? 쉽게 그려지지 않는 치료 과정에 대한 막연한 두려움은 정신과 방문을 망설이게 하는 이유이기도 합니다. 용기 내어 병원을 찾아가보려는 당신과 함께 그 궁금증을 하나씩 풀어보려 해요.

우선 병원에 처음 방문하면 초진 면담을 진행합니다. 병원에 따라 예진 과정을 거칠 수도 있지만 초진 면담에서는 보통 충분한 시간을 들여 불편한 증상과 살아온 이야기를 차근차근 들어보는 데 집중합니다. 면담 후에는 설문지나 심리 검사 같은 평가 도구를 활용해 추가적인 검사를 진행하고, 필요한 경우 뇌파 검사나 스트레스 반응 검사 등을 통해 증상을 더 깊이 이해하는 데 도움을 받기도 해요.

의심되는 질환과 증상에 대해 충분한 설명을 거친 뒤, 치료 방식은 당신과 함께 선택합니다. 보다 효과적인 치료를 위해 약물치료와 상담치료를 병행하는 경우가 많습니다. 약제는 증상과 진단에 따라 다양하게 조합하여 사용하며, 특정 약제가 꼭 특정 진단에만 사용되는 것은 아니라는 점을 기억해두면 좋겠습니다.

상담치료는 얽힌 실타래를 함께 풀어가는 과정입니다. 반복되는 문제들을 자세히 들여다보며, 조금이라도 더 나은 방향으로 나아갈 단서를 찾고 변화할 힘을 기르는 시간이죠. 이 밖에도 무의식과 내면의 역동(마음속에서 일어나는 심리적 힘과 갈등, 이들 사이의 상호작용을 의미)을 탐구하는 정신치료, 비슷한 어려움을 겪는 사람들이 함께 경험을 나누고 필요한 것들을 배우는 그룹치료 등 다양한 치료 방식이 있어요. 자기장을 이용해 뇌세포를 자극하는 TMS(경두개 자기자극술), 심박수, 호흡, 근긴장도 등 신체 변화를 실시간으로 관찰하며 자기 조절 능력을 연습하는 바이오피드백 등의 치료법도 존재합니다.

나에게 맞는 치료법을 찾는 것, 그리고 그 치료를 꾸준히 이어가는 것은 분명 쉽지 않은 과정일지도 모릅니다. 하지만 분명한 건 당신이 용기 내어 문을 열고 들어온 그 순간, 당신은 이미 더 나은 내일을 향해 걷기 시작했다는 것입니다. 그리고 지금껏 외롭게 걸어온 그 길을 앞으로 함께 걸어줄 누군가가 있습니다. 망설이는 당신에게 작은 용기를 전하고 싶습니다.

우울한 기분이 어떻게 약으로 치료가 되나요?

우리 몸에는 세로토닌이라는 신경전달물질이 있다.
행복감, 안정감, 다행감을 느끼는 데 중요한
세로토닌은 머릿속에서 정해진 길을 따라 이동한다.

감정을 담당하는 방으로 들어가 다양한 감정을
느낄 수 있도록 돕기 때문에 정해진 문으로
적절한 양의 신경전달물질이 오가는 것이 중요하다.

그런데 우울증이 생기면 신경전달물질이 지나는 길에
엉뚱한 문이 여러 개 생겨난다.
방향 감각을 잃은 세로토닌은 목적지가 아닌 곳으로
흩어지고 만다.

결국 세로토닌이 가야 할 곳은 발길이 끊기고 만다.
아무도 찾지 않는 가게처럼 열려있던 문들도 굳게 닫힌다.
몸은 필요가 없다고 판단하고,
오히려 그곳으로 가는 세로토닌의 양을 줄이게 된다.

약은 몸에 흡수된 후 세로토닌이 지나던 길로 이동한다.
약은 엉뚱하게 열린 문들을 막고
세로토닌이 본래 목적지로 갈 수 있도록 돕는다.

이렇게 엉뚱한 문들을 막아두면,
신경전달물질은 제자리로 돌아갈 수 있다.
시간이 지나면 잘못 열린 문들은 서서히 사라지고,
건강한 흐름이 회복된다.

약을 불규칙하게 복용하면 회복에 더 많은 시간이 걸린다.
또한 나에게 맞는 약을 찾는 과정도 쉽지만은 않다.

그렇기에 진통제나 해열제 같은 약에 비해
효과가 느리다고 느낄 수 있다.
맞는 약을 찾아 신경전달물질의 균형을 회복하는
과정은 때로 몇 주 이상이 걸리기도 한다.

물론 약이 모든 문제를 해결해주지는 않는다.
하지만 누군가에게는 약의 도움이 꼭 필요하다.
약에 대한 두려움 때문에 망설이는 마음을
덜어주고 싶다.

진료실에서 환자들에게 가장 자주 듣는 질문을 떠올려보면 "약을 먹는다고 진짜 이게 나아질까요?" "어떻게 약으로 기분이 좋아지나요?"와 같이 약에 대한 궁금증이 많았습니다. 눈에 보이는 상처나 염증, 골절이 생긴 것이 아닌데 약을 먹고 기분이 나아진다는 것이 쉽게 이해되지 않는 것도 당연한 일일 것입니다. 그런 환자들에게 약에 대한 이해를 돕기 위해 '세로토닌과 문 이야기'를 들려주곤 합니다.

우울증이 생기는 원인은 다양합니다. 유전적 요인과 스트레스, 시상하부-뇌하수체-부신축의 불균형, 코르티솔이나 BDNF라고 불리는 뇌 내 영양물질의 변화, 그리고 지금부터 이야기할 세로토닌과 같은 신경전달물질 불균형까지. 지금도 여러 연구를 통해 다양한 기전과 가설들이 밝혀지고 있죠. 그중에서도 세로토닌 부족은 우울증이 생기는 중요한 원인 중 하나이며, 치료를 위해 주로 사용하는 항우울제는 바로 이 세로토닌 농도를 조절하는 역할을 합니다.

세로토닌은 다행감, 안정감, 행복감을 느끼는 데 중요한 역할을 합니다. 반대로 세로토닌이 부족하면 무기

력함과 우울감을 더 쉽게 경험하게 됩니다. 그렇다면 단순히 '부족한 세로토닌을 보충하면 되는 것 아닌가?' 하고 생각할 수도 있지만, 사실 그렇게 간단한 문제는 아닙니다. 한 번 불균형이 시작되면 세로토닌이 지나던 신경회로에 놓인 수용체, 즉 신경전달물질이 들어가는 문에 변화가 생깁니다. 우울증이 생기면 세로토닌이 지나는 길에 세로토닌 전달 신호를 오히려 줄여버리거나, 신호 전달을 중단시켜버리는 엉뚱한 문들이 잔뜩 늘어납니다. 가뜩이나 부족한 세로토닌은 본래 가야 할 곳으로 도달하지 못하고 길을 헤매게 되고, 점점 발길이 끊기면 원래 세로토닌이 들어가야 할 문은 굳게 닫히고 맙니다.

우울증 약은 엉뚱한 문 앞을 지키고 서서 신경전달물질이 제 길을 갈 수 있도록 안내하는 역할을 합니다. 하지만 곧바로 문을 없애지는 못하기 때문에 약을 불규칙하게 복용하면 신경전달물질이 다시 엉뚱한 곳으로 새어버리게 됩니다. 그래서 꾸준한 약물 복용이 중요한 거죠.

또한 사람마다 문의 생김새가 달라 필요한 약도 다를 때가 많습니다. 세로토닌뿐만 아니라 도파민, 노르에피네프린과 같은 다양한 신경전달물질이 우울증과 연관되어 있기 때문입니다. 이러한 복잡성 탓에 내게 맞는 약을 찾는 데 시간이 걸리기도 합니다. 신경전달물질 불균형을 바로잡고 서서히 균형을 맞춰가는 과정이기에 효과가 더디고 오래 걸리는 것처럼 느껴지는 경우도 많죠.

물론 약으로 모든 문제가 해결되는 것은 아닙니다. 당장 나를 둘러싼 환경이나 경제적 어려움, 틀어진 관계들을 약이 회복시켜주지는 못하죠. 하지만 누군가에게는 약이 분명히 필요합니다. 다리가 골절되었을 때 아무런 치료 없이 버티면서 급한 일을 해결하려고 하면 좋은 결과를 기대하기 힘들지도 모릅니다. 마음의 골절을 입은 당신이 약에 대한 막연한 두려움 때문에 치료를 망설이고 있다면 이 글이 작은 용기를 줄 수 있기를 바랍니다.

약을 먹었더니 손이 떨리는 것 같아요

약을 먹고 난 후 부작용을 경험한 환자들의
걱정어린 얼굴을 마주할 때가 있다.

불편한 증상을 조절하기 위해 사용하는 정신과 약들이
왜 또 다른 불편함을 데려올까?

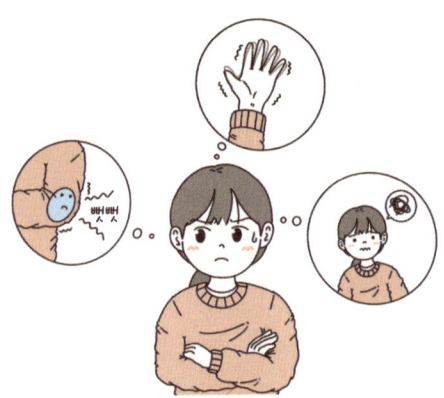

우울, 불안, 환청, 망상 등은 도파민 불균형과 관련 있다.
이 도파민이 다니는 길에 놓인 문을 조절해
신경전달물질의 균형을 맞추는 것이 약의 역할이다.

물론 증상이 발생하는 기전은 더욱 복잡하답니다. 도파민 하나로만 모든 증상을 설명할 수는 없어요.

여기서 잠깐, 파킨슨병은 어떤 질환일까?
파킨슨병은 관절과 근육, 움직임을 담당하는
신경 회로에 도파민이 부족해지면서 발생한다.

파킨슨병은 치매 다음으로 흔한 퇴행성 뇌질환입니다. 중뇌의 흑질에서 도파민을 분비하는 신경세포가 서서히 소실되며 발생합니다. 파킨슨병 환자들에게서는 서동증(운동 느림), 안정 시 떨림, 근육 강직, 자세 불안정 등의 증상이 나타납니다.

정신과 약물은 주로 과도한 도파민을 낮추는 역할을 한다.
하지만 약은 목표로 한 증상에만 작용하지 않는다.

도파민이 꼭 필요한 부위까지 약이 작용하게 된다면?
결국 도파민 부족으로 인해 생기는 손 떨림,
말 어눌해짐 같은 파킨슨 유사 증상이 발생할 수 있다.

이를 약제 유발 파킨슨 증상이라고 부른다.
이런 부작용이 생기면 약을 감량하거나 교체,
또는 부작용을 조절하는 추가 약제를 사용하기도 한다.

안타깝게도 정신과 치료는 효과가 느리게 나타난다.
약의 부작용으로 인해 치료를 중단하는 사람들도 많다.

처음부터 내게 꼭 맞는 옷을 찾기 힘든 것처럼,
내게 딱 맞는 약을 찾는 것도 쉽지 않다.
하지만 포기하지 않고 치료를 이어간다면
불편함보다 편안함이 커지는 날이
반드시 찾아올 거라고 믿는다.

진료를 하다 보면 난감한 순간 중 하나가, 약에 반응은 있지만 부작용을 견디기 힘들어하는 환자들을 만날 때입니다. 체중 증가, 손 떨림, 관절 경직, 배뇨 이상, 어지럼증 등 정말 다양한 부작용을 일으킬 수 있는 정신과 약제의 특성상, 부작용을 평가하고 이를 조절하는 것이 치료를 꾸준히 받는 데 중요한 요소가 됩니다.

그중에서도 추체외로증상이라고도 불리는 손 떨림, 관절 경직, 말 어눌해짐 등을 대표 증상으로 하는 약제 유발 파킨슨 증상에 대해 이야기해보려 합니다. 일상생활에 직접적인 영향을 줄 수 있는 부작용들이기 때문에 왜 이런 부작용이 생기는지 궁금해하시는 분들이 많았습니다.

우리가 정신과 약제를 통해 줄이고 싶은 부위에만 약이 작용하는 것이 아니기 때문에 운동이나 움직임을 담당하는 부위의 도파민까지 줄어들게 되어 파킨슨병과 유사한 증상이 발생하는 것을 약제 유발 파킨슨 증상이라고 부릅니다. 간단히 말하자면 약을 통해 우리가 막고 싶은 문이 아닌 다른 문을 막게 되면서 나타나는 증상이죠. 현재까지 부작용이 전혀 없는 약은 없기 때문에 이러한 부작용이 나타나면 치료하던 증상의 심각도를 평가하고 약제를 감량하거나 교체 또는 부작용을 줄여주는 추가 약제를 사용하기도 합니다.

  정신과 약물은 곧바로 효과가 나타나지 않으며, 충분한 기간 동안 유지해야 하는 특성이 있습니다. 그렇기에 부작용이 더 빨리 나타나면 치료에 대한 신뢰가 떨어져 약을 끊어버리는 경우가 많습니다. 하지만 부작용은 약이 잘 작용하고 있다는 신호이기도 합니다. 또한 대부분의 부작용은 충분히 조절 가능합니다. 때문에 약을 임의로 중단하기보다는 치료자와 소통하며 조절해간다면 약을 좀 더 편하게 복용할 수 있습니다. 충분한 시간을 갖고 치료를 이어가길 바라는 마음으로 부작용에 대한 두려움이 조금이라도 작아지길 바라며 짧은 글을 전합니다.

저는 왜 대인관계가 어려울까요?

사람을 만나고, 관계를 이어가는 일.
남들은 아무렇지 않게 해내는데, 나는 왜 어려울까?
거절당할까, 버림받을까 두려워하며
오늘도 얼음판 위를 걷는다.

거절을 못하고 지나치게 배려하거나, 참고 억누르다가
갑자기 터져버리거나, 관계에 끌려다니며 우울감을
느끼지만 놓지 못하는 당신에게 들려줄 이야기가 있다.

대인관계 효율성을 높이기 위한 기술이 있다.
바로 목표, 관계, 자기존중감의 균형을 맞추는 것이다.
이를 통해 관계 속 나를 지켜내는 연습을 할 수 있다.

이 세 가지 요소는 각각 지금 내가 가장
중요하게 생각하는 것이 무엇인지를 알려준다.
균형 잡힌 관계를 위해 세 요소를 함께 고려해야 한다.

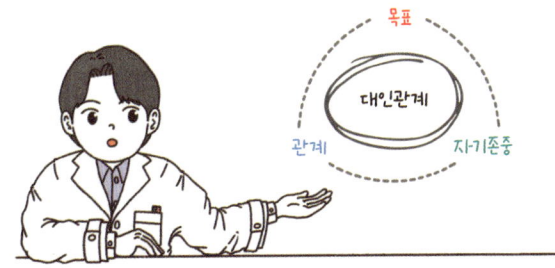

그래서 상황에 따라 우선순위를 정하는 것이 중요하다.

세 가지 요소를 다 고려해야 하지만,

우선순위는 상황에 따라 달라질 수밖에 없다.

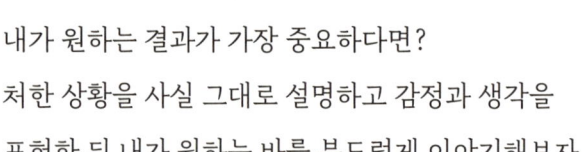

내가 원하는 결과가 가장 중요하다면?

처한 상황을 사실 그대로 설명하고 감정과 생각을

표현한 뒤 내가 원하는 바를 부드럽게 이야기해보자.

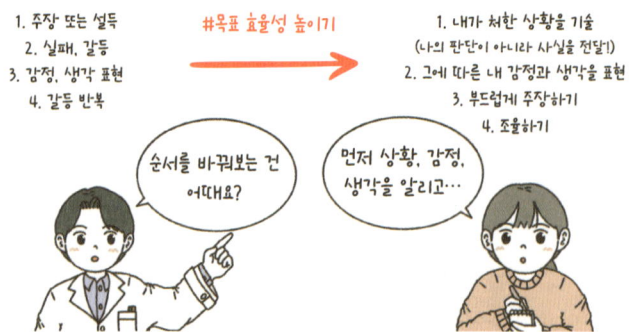

관계 자체가 더 중요하다면? 상대를 존중하는 태도로 경청하고 상대방의 입장에서 이해하려 노력하자. 그리고 이를 말과 행동으로 표현해보자.

나를 지키는 게 가장 중요하다면?
타인을 존중하듯, 나의 감정과 생각도 존중하자.
나를 속이며 괜찮은 척하지 않아도 된다.

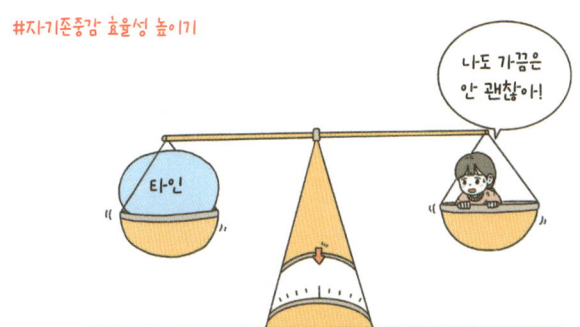

물론 이 기술만으로 모든 상황에
완벽하게 대처하는 것은 어렵다.
하지만 용기를 내어 걸어보자.
오늘의 작은 실수는
분명 단단한 발판이 되어줄 테니.

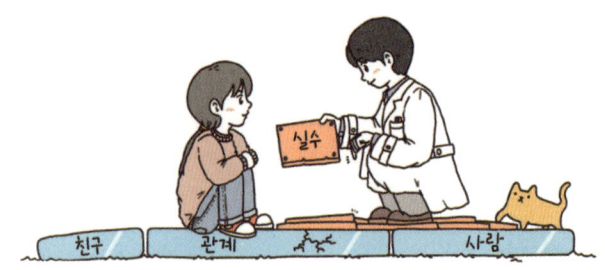

사람은 누구나 관계 속에서 살아갑니다. 누군가에겐 자연스럽게 느껴지는 관계도, 어떤 사람에겐 그저 버겁기만 하죠. 진료실에서는 이런 고민을 가진 분들을 자주 만나게 됩니다. 이야기를 듣다 보면 관계의 어려움 속에는 비슷한 패턴이 반복되는 경우가 많습니다.

직장에서 요구를 전해야 할 때, 실망한 친구에게 사과하고 싶을 때, 나만 손해보는 것 같은 관계에서 벗어나고 싶을 때 등 다양한 상황에서 우리는 익숙한 방식으로 반응하곤 하죠. 그러다 보면 처음 마음먹었던 방향과는 전혀 다른 길을 걷고 있는 내 모습을 마주하게 됩니다.

이럴 때 유용한 것이 바로 대인관계 효율성을 높이는 기술입니다. 마샤 리네한이 개발한 변증법적 행동치료(DBT)에서 제시된 이 기술은 목표, 관계, 자기존중감 세 가지 측면에서 나의 우선순위를 파악하고, 그에 맞는 표현 방식을 연습하는 것입니다.

목표 효율성이 중요할 때는 내 상황을 정확히 설명하고 감정과 생각을 표현한 뒤 부드럽게 내가 원하는 바를 전달하는 게 좋습니다. 관계 효율성이 우선인 상황이라면 상대를 비난하거나 공격하지 않고 경청하고 수용하는 태도가 필요합니다. 자기존중 효율성이 중요할 때는, 타인을 존중하듯 나도 존중하며, '괜찮은 척'이나 '과한 사과' 같은 습관을 잠시 멈추고 내 감정을 진솔하게 들여다보는 것이 핵심입니다.

대인관계는 누구에게나 어렵지만 혼자 고민하지 않아도 됩니다. 이 글이 당신에게 작은 힌트가 되었길 바랍니다. 관계에 정답은 없지만 내가 반복하던 패턴을 알아차리고, 작은 변화를 쌓으며 걸어봅시다. 분명 내가 두려워하던 실패들이 더 나은 내일을 향해 나아갈 수 있도록 돕는 단단한 발판이 되리라 믿습니다.

구덩이와 삽 이야기

깊은 구덩이에 빠진 듯한 순간을 맞이할 때가 있다.
반복되는 실패와 좌절, 내가 별로인 사람처럼 느껴지는
날들이 구덩이의 깊이를 조금씩 더해간다.

어느 날 위를 올려다보니 하늘은 저 멀리 작게 보인다.
쉽게 벗어날 수 없는 깊이라는 걸 실감한다.

문득 손에 잡힌 작은 삽을 들고
구덩이를 벗어나기 위해 바닥을 파기 시작한다.

구덩이는 팔수록 더 깊어지지만 손에 쥔 삽을 놓지 못한다.
아무것도 하지 못하는 불안감이 더 두렵기 때문이다.

나에게 삽은 무엇일까?
답답한 현실에서 벗어나고 싶어 붙잡은 것들?
정답이 아니란 걸 알면서도 반복하고 있는 것들?

하지만 구덩이에서 벗어나기 위해서는
삽이 아니라 사다리를 찾아야 한다.

사다리를 찾는 시간은 답답하게 느껴질지도 모른다.
어디에 있는지, 언제쯤 나타날지 막막하기만 하다.

그렇지만 중요한 건 사다리를 만나기 위해서는
먼저 삽을 내려놓아야 한다는 사실이다.

혹시 당신도 손에 든 삽을 놓지 못하고 있진 않은가?
오늘만큼은 불안한 마음을 달래며,
조심스레 삽을 내려놓고
어딘가에 있을 사다리를 찾아보는 건 어떨까?

불안한 감정, 막막한 미래, 해결되지 않는 수많은 일들, 그리고 아픈 과거. 이런 답답한 마음에서 벗어나기 위해 자해, 과도한 음주, 과수면, 구토와 같은 행동을 반복하는 사람들을 만나곤 합니다. 사실 그들도 알고 있습니다. 그런 행동들이 결국은 자신을 더 아프게 하고, 문제를 해결하기보다는 오히려 더 깊은 곳으로 빠지게 만든다는 것을요.

알면서도 멈출 수 없다는 그들의 이야기를 들을 때면 그 마음이 참 안타깝게 느껴집니다. 그래서 저는 그런 분들에게 '구덩이와 삽 이야기'를 들려드리곤 합니다. 익숙한 방식이 반드시 나를 구해주는 정답이 아닐 수도 있다는 것. 손에 쥔 그 삽을 내려놓는 데는 분명 용기가 필요하다는 것. 삽을 내려놓는 그 작은 변화가 당장 무언가를 바꾸진 못하더라도 어딘가에서 당신을 기다릴 사다리를 향해 나아가는 소중한 한걸음이 될 수 있다고 믿습니다.

구덩이 속에서 여전히 삽을 놓지 못하고 있는 당신, 오늘만큼은 용기를 내어 그 손을 잠시 펴고 삽을 내려놓아보는 건 어떨까요?

이걸 멈출 수 있을까요? 고통감내기술

감정이 부풀어 올라 나를 집어삼킬 듯 다가오는 날이 있다.
마치 언제까지나 그 자리에 머물며 나를 괴롭힐 것만 같다.

감정에서 벗어나고 싶어 급하게 가방을 뒤적여본다.
꺼낼 만한 게 보이지 않던 그때,
가방 안의 익숙한 상자가 눈에 들어온다.

상자에는 오랫동안 괴로운 순간을
견디기 위해 사용해온 방식들이 들어있다.
그런데 정말 다른 방법은 없는 걸까?

그런 당신에게 고통감내기술을 소개하고 싶다.
이것은 고통을 없애주는 기술이 아니라,
그 순간을 악화시키지 않고 견디게 해주는 연습이다.

첫걸음은 우선 멈추는 것이다.
아무런 반응도 하지 않고 몸의 감각을 느끼고,
오감을 이용해 지금 내가 있는 이곳에 집중해본다.

감정이 너무 강하거나 충동이 올라올 때는
짧은 순간에 신체를 이완시키는 기술을 사용해본다.

감정에서 주의를 분산시킬 수 있는 활동도 도움이 된다.
나를 잠시 다른 곳으로 데려다줄 것들을 꺼내보자.

지금까지 해오던 행동과 고통감내기술을 비교해보자.
더 나은 방향으로 안내해주는 방법을 택해 연습해본다.

나를 두렵게 하던 감정들은 결국 지나간다.
지금 당신에게 필요한 건 그 순간까지
손에 꼭 쥐고 있을 우산 같은 기술이 아닐까?

자해, 폭식, 구토, 과수면, 술, 담배 등 반복할수록 점점 나를 아프게 만드는 행동들로 진료실을 찾는 사람들을 종종 만납니다. 그런 행동들도 처음엔 분명 이유가 있었을 거예요. 살다 보니 맞닥뜨린 감당하기 어려운 감정을 버려내기 위해 꺼낸 방법이었을 겁니다. 처음에는 감정에서 벗어나는 데 효과가 있었고, 주변에서는 놀라고 걱정스러운 얼굴로 드디어 나를 바라봐주기도 했을 테지요.

그래서일까요? 어느새 그 행동들은 내가 괴로울 때마다 반복하게 되는 '익숙한 행동'이 되어버렸습니다. 시간이 지나면서 주변 사람들의 반응도 변합니다. 때로는 지쳐 보이기도 하고, 아무렇지 않은 척 넘어가기도 하죠. 나도 가끔은 별다른 이유 없이 습관처럼 같은 행동을 반복하고, 그러면서 더 깊은 외로움에 빠지기도 합니다.

고통감내기술은 문제를 단번에 해결해주는 마법 같은 도구는 아닙니다. 하지만 지금까지 반복해온 위험한 행동들을 조금 더 안전한 방식으로 바꾸기 위한 '작은 연습'입니다. 누구나 처음엔 익숙한 방법보다 효과가 약하게 느껴질 수 있고, 막상 필요할 땐 생각나지 않아서 어려워하곤 합니다. 그렇지만 어떤 일이던 처음에는 낯설고 어렵게 느껴진다는 걸 우리는 알고 있지요. 지금은 어색하고 서툴게 느껴지더라도, 차근차근 연습해간다면 이 기술들이 언젠가 당신을 고통에서 한 발짝 떼어줄 도구가 될 수 있을 겁니다.

  나를 두렵게 하던 감정은 결국 지나갑니다. 당신에게 필요한 건 그 순간까지 손에 꼭 쥐고 있을 우산 같은 기술인지도 모릅니다. 그리고 언젠가, 우산을 쥔 그 손에 조용히 편안함이 스며드는 날이 분명 찾아올 것입니다.

막막한 미래가 불안할 때

우리는 왜 보이지 않는 내일을 두려워할까?
때로는 그 불안이 너무 커져 나를 삼켜버릴 것만 같다.

그러나 정작 불안의 실체는 모르는 이들이 많다.
실체가 없는 불안은 모든 것을 두렵게 만든다.

하지만 그럴수록 불안의 얼굴을 마주하는 것이 필요하다.
실체를 알아차리는 것만으로도, 불안은 작아진다.

물론 불안이 단번에 사라지진 않을 것이다.
그럼에도 불구하고 불안의 실체를 알아차린 당신은
이제 고개를 들어 주변을 돌아볼 수 있다.

몸을 움직여 당장 눈앞에 놓인 것들을 따라 걸어보자.
일상의 소중한 것들에 다시 색을 입혀보는 것이다.

막연한 미래에 대한 불안에 대처하는 답은
어쩌면 내일이 아니라 오늘, 여기 있을지도 모른다.

언젠가 나를 떠나가는 불안에게 환히 웃으며
손을 흔드는 당신의 모습을 상상해본다.

우리는 왜 오늘을 살아가면서도 아직 오지 않은 내일을 두려워할까요? 진료실에서 만나는 많은 분들이 불안하다는 이야기를 꺼내지만 정작 그 불안이 어디에서 오는지, 왜 그런 감정을 느끼는지는 잘 모르는 경우가 많습니다. 이야기를 나누다 보면 그 불안은 대부분 '지금, 여기'가 아니라 아직 오지 않은 '막막한 미래'를 향해 있곤 합니다.

그럴수록 두렵고 피하고만 싶었던 불안의 얼굴을 마주해야 합니다. 막연했던 불안의 실체를 알아차리는 것만으로도 그 크기가 줄어들 수 있기 때문이죠. 물론 불안의 정체를 알게 되었다고 해서 감정이 완전히 사라지는 것은 아닙니다. 때로는 불안 증상을 불러온 원인 질환에 대한 치료와 불안을 다루는 연습을 병행해야 하기도 하니까요.

특히 막연한 미래에 대한 불안을 자주 느끼시는 분들께는 '지금, 여기'로 돌아오는 연습을 권해드리고 싶습니다. 앞이 보이지 않아 막막할수록 불안을 알아차리는 그 순간 다시 지금, 이 순간으로 돌아오는 겁니다. 내 눈앞에 있는 것, 내가 몸을 움직여 조금씩 바꿀 수 있는 작은 일들에 집중해보는 거예요. 좋아하는 음악을 듣거나, 가볍게 운동을 하거나, 계획했던 일들을 하나씩 실천해보는 것처럼요.

비록 불안이라는 감정이 완전히 사라지지는 않더라도 우리는 일상 속 소중한 것들에 다시 색을 입혀갈 수 있습니다. 우리는 종종 먼 미래만을 바라보며 달려가지만 막연한 불안에 대처하는 정답은 어쩌면 내일이 아니라, 오늘에 있는 건지도 모릅니다.

언젠가 당신을 떠나가는 불안에게 환히 웃으며 손을 흔드는 모습을 상상하며, 지치고 힘들더라도 씩씩하게 오늘을 그려가는 당신에게 따뜻한 응원을 전합니다.

우울한 가족과 살아가는 당신에게

우울증을 진단받은 딸에게 너무 무심했던 건 아닐까,
죄책감에 뭐든 다 해주고 싶어지는 마음.
그런데 시간이 흘러도 딸은 여전히 제자리인 것 같다.

일상도 내려놓고 최선을 다했는데 아무리 물을 부어도
밑 빠진 독처럼, 딸의 눈엔 눈물만 흐른다.
점점 지쳐가고, 결국 화를 내고 만다.

가족들은 죄책감 속에서 각자의 방식으로 애쓰지만,
되레 서로에게 상처를 주기도 한다.
그런 가족들에게 꼭 전하고 싶은 이야기가 있다.

우울증은 당신 탓으로 생긴 병이 아니다.
무엇보다 우울증에 대해 제대로 아는 것이 중요하다.
단순한 기분의 문제가 아니라 치료가 필요한 질병이다.

함께 지내며 느낀 변화나 위험 신호를 잘 기록해두고,
환자가 직접 말하기 어려운 부분은 치료자에게
대신 전달해주면 치료에 큰 도움이 된다.

공감과 지지를 보내되, 일관된 태도를 유지해야 한다.
규칙과 경계를 정하고 유지 가능한 모습을 보여주자.

매번 확인하려 하지 않아도 괜찮다.
우울증은 단기간에 낫는 병이 아니다.
부러진 뼈가 붙는 데는 시간이 필요한 것처럼
마음의 골절에도 기다림이 필요하다.

마지막으로, 나를 돌보는 걸 잊지 말자.
지치지 않기 위해 나를 챙겨주는 시간도 중요하다.

우울증을 앓는 사람에게 가족은 분명 중요하다.
하지만 가족이 모든 걸 책임지고 짊어질 수는 없다.
당신은 혼자가 아니다.
우리는 함께 헤쳐나갈 수 있다.

이 이야기를 어떻게 써야 할지, 유독 무겁게 느껴졌습니다. 우울증뿐만 아니라 정신질환을 앓는 환자와 함께 살아가는 가족들이 겪는 고통과 혼란은 말로 다 헤아리기 어렵습니다. 어떤 말도 모두에게 위로가 될 순 없고, 어떤 조언도 정답이 될 순 없겠지요. 그래도 짧은 시간 동안 진료실에서 만나온 환자분들과 그 곁을 지키던 가족들의 얼굴을 떠올리며 조심스럽게 이야기를 건네봅니다.

사랑하는 사람이 우울증으로 힘들어하고 있다면 나는 어떤 말을 건네야 할까? 혹시 내 말이나 행동이 오히려 상처가 되지는 않을까? 고민하는 당신에게 전하고 싶은 짧은 메시지가 있습니다. 우울증에 대해 잘 알고 위험이나 재발의 신호를 눈여겨보며, 나 자신을 챙기는 것도 잊지 않으면서 함께 기다려주는 것. 어쩌면 당연하지만 그래서 오히려 자주 놓치게 되는 이야기를, 진심을 담아 전해봅니다.

 **에필로그**

언젠가 따스함이 익숙해진 세상에서

　우리는 빠르게 변해가는 세상에서 살고 있습니다. 갈등과 원망, 시기와 질투가 넘쳐나는 시끄러운 창밖을 바라보면, 문득 나만의 세상에서 조용히 살아가고 싶다는 생각이 들곤 하죠. 함께 걷던 우리 사이의 거리는 점점 멀어지고, 멀어진 만큼 차가워진 공기가 세상을 가득 메웁니다. 그렇게 서늘해진 세상에서는 따뜻한 말을 건네는 일마저 어색하게 느껴지기도 합니다. 망설이다 용기 내어 꺼내본 따뜻한 말들이 냉랭한 겨울 같은 세상에서 금방 식어버리는 모습을 보다 보면 마음의 문을 여는 것이 점점 낯설어집니다.

정신건강에 대한 시선도 겨울의 한복판에 있는 듯합니다. 유명인의 죽음이나 차마 글로 적기 어려운 사건들이 생길 때마다 관심은 높아지지만, 그만큼 두려움도 함께 자라납니다. 정신건강에 대한 사회적인 관심과 배려, 따스한 손길의 필요성이 이야기되면서도 정작 내 주변에는 정신과에 다니는 사람이 없었으면 하는 차가운 바람이 불어오죠.

그 사이에서 정신과에 다니는 많은 사람들은 여전히 병을 숨기고, 혹시라도 들킬까 조심하며, 자신을 감추려 노력하는 시간을 보냅니다. 다리가 부러진 것도 서러운데, 부러진 사실을 감춰야 하는 세상이라면 얼마나 더 힘이 들까요. 그런 생각을 하다 보면, 저를 찾아온 사람들에게 괜스레 미안한 마음이 들기도 합니다.

저는 오늘도 여러분과 같은 세상을 살아갑니다. 추운 겨울 같은 세상에서 얼른 봄이 오기를 기다리지만, 어느새 추위에 익숙해져 겨울 나름의 재미를 찾아가는 일상이 쓸쓸하게 느껴질 때도 있습니다. 하지만 언젠가 분명 봄이 오리라 믿습니다.

시간이 흘러 제가 초보 딱지를 떼고 좀 더 성숙한 모습으로 여러분을 만날 그날에는 마음이 아파 정신과를 찾아오는 길이 지금처럼 무겁지 않기를 바랍니다. 저는 그날까지 그림을 그릴 겁니다. 가끔은 추위에 지쳐 힘든 날도 찾아오겠지만 함께 걷는 여러분이 있다는 것을 알기에 따뜻한 색을 입힌 그림으로 정신건강에 대한 차가운 시선을 조금이나마 데워보려 합니다. 언젠가 따스함이 익숙해진 세상에서 웃으며 다시 만날 날을 기다리겠습니다.

참고문헌

《죽고 싶지만 떡볶이는 먹고 싶어》, 백세희, 흔, 2018

《새는 날아가면서 뒤돌아보지 않는다》, 류시화, 더숲, 2017

《미움받을 용기》, 기시미 이치로·고가 후미타케, 인플루엔셜, 2022

《인지행동치료 이론과 실제》, Judith S. Beck, 하나의학사, 2017

《정신질환의 진단 및 통계 편람》, 미국정신의사협회(APA), 학지사, 2023

《신경정신의학》, 대한신경정신의학회, 아이엠이즈컴퍼니, 2017

《선생님, 저 우울증인가요?》, 오카다 다카시, 북라이프, 2018

《공황장애 극복 설명서》, 최영희, 학지사, 2019

《삐삐언니는 조울의 사막을 건넜어》, 이주현, 한겨레출판, 2020

《쉽게 따라하는 강박증 인지행동치료》, 권준수·신민섭, 학지사, 2025

《인지처리치료 매뉴얼》, Patricia A. Resick·Candice M. Monson·Kathleen M. Chard, 학지사, 2023

《룩 백》, 후지모토 타츠키, 학산문화사, 2022

《외상후 스트레스장애의 쓰기노출치료》, 데니스 M. 슬로안, 브라이언 P. 마르크스, 하나의학사, 2022

《사회공포증의 인지행동집단치료》, 리처드 G. 하임버그·로버트 E. 베커, 시그마프레스, 2007

《스탈의 필수 정신약리학》, Stephen M. Stahl, 시그마프레스, 2025

《자해 청소년을 위한 DBT 워크북》, 셰리 반 디크, 하나의학사, 2021

《DBT 다이어렉티컬 행동치료 워크북》, 마샤 리네한, 더트리그룹, 2017

《수용-전념치료의 혁신, 매트릭스》, 케빈 포크·벤저민 숀돌프·마크 웹스터·파비안 오 올란즈, 삶과지식, 2018

《인생에 거친 파도가 몰아칠 때》, 러스 해리스, 티라미수 더북, 2022

《인생이 지옥처럼 느껴질 때》, 마샤 리네한, 비잉, 2022

《우울한 사람 곁에서 무너지지 않게 도움 주는 법》, 수전 J. 누난, 아날로그, 2022

《그룹인지행동치료 프로그램 매뉴얼 4판》, 광주북구정신건강복지센터

나는 왜
마음이 아플까

초판 1쇄 발행 2025년 5월 26일
초판 2쇄 발행 2025년 6월 27일

지은이 전지현
펴낸곳 ㈜에스제이더블유인터내셔널
펴낸이 양홍걸 이시원

홈페이지 siwonbooks.com
블로그·인스타·페이스북 siwonbooks
주소 서울시 영등포구 영신로 166 시원스쿨
구입 문의 02)2014-8151
고객센터 02)6409-0878

ISBN 979-11-6150-979-2 03810

이 책은 저작권법에 따라 보호받는 저작물이므로 무단복제와 무단전재를 금합니다. 이 책 내용의 전부 또는 일부를 이용하려면 반드시 저작권자와 ㈜에스제이더블유인터내셔널의 서면 동의를 받아야 합니다.

시원북스는 ㈜에스제이더블유인터내셔널의 단행본 브랜드입니다.

독자 여러분의 투고를 기다립니다.
책에 관한 아이디어나 투고를 보내주세요.
siwonbooks@siwonschool.com